国家行政学院国际部　编

国外行政院校简介

国家行政学院出版社

图书在版编目（CIP）数据

国外行政院校简介/国家行政学院国际部编．—北京：国家行政学院出版社，2014.11
ISBN 978-7-5150-1339-8

Ⅰ.①国… Ⅱ.①国… Ⅲ.①行政管理-高等学校-介绍-国外 Ⅳ.①D523-40

中国版本图书馆 CIP 数据核字（2014）第 277087 号

书　　名　国外行政院校简介
著　　者　国家行政学院国际部　主编
责任编辑　陈　科
出版发行　国家行政学院出版社
（北京市海淀区长春桥路 6 号　100089）
（010）68920640　68929037
http：//cbs.nsa.gov.cn
编 辑 部　（010）68928764
经　　销　新华书店
印　　刷　北京京华虎彩印刷有限公司
版　　次　2014 年 11 月北京第 1 版
印　　次　2014 年 11 月北京第 1 次印刷
开　　本　700 毫米×1000 毫米　16 开
印　　张　8.75
字　　数　148 千字
书　　号　ISBN 978-7-5150-1339-8
定　　价　30.00 元

目　录

序

国家行政学院自1994年成立以来，遵照党中央、国务院的重要指示，认真贯彻落实党的干部教育政策，围绕政府工作，服务党和国家大局，在出色完成教学培训、科研咨询任务的同时，结合行政学院实际情况，积极借鉴国外行政院校的办学经验，大胆探索、不断创新，走出了一条被实践证明是成功有效的开放办学之路，使开放办学成为行政学院的“突出特色”，为行政学院事业的发展作出了积极贡献。此间，形成了一大批学术水平高、实践价值过硬、具有重要参考的优秀成果。

2000年，国家行政学院曾以发达国家的行政学院为研究对象，编辑出版了《国外著名行政院校概览》，集中反映国外行政院校的基本情况和发展动态，特别是把公共管理引入国内，对于各级行政学院借鉴国外同行的办学经验，推进干部教育事业尤其是开放办学发挥了不可替代的作用。进入新世纪新阶段以来，国外行政院校伴随着世界范围内行政改革浪潮的深入发展，无论在教学培训、科研咨询，还是在开放办学等方面，采取了许多新的卓有成效的举措，积累了许多成功的经验。应运而生的《国外行政院校简介》，深刻总结国外同行的最新实践经验，进一步推进行政院校的开放办学工作，是广大行政学院工作者共同的愿望，这对全国行政院校进行改革开放教育、行政学院发展史教育，激励广大行政学院工作者坚定不移地走中国特色社会主义道路、深入创建有特色高水平国际一流行政学院，具有重要的现实意义和深远的历史意义。

《国外行政院校简介》汇集了全球29家行政学院，这些院校是从全球五大洲中挑选出来的，是五大洲行政学院办学的典型代表，其中不仅有发达国家的行政学院，而且还包括发展中国家的行政学院，这对《国外著名行政院校概览》是一个有力的补充，也更加全面地反映了新形势下全球行政学院公务员培训的面貌和概况。

在编写过程中，无论行政院校成功与失败，无论是经验还是教训，我们都坚持原汁原味的原则，重事实说话，不做分析；重实际情况，不加评论；重情况叙述，不加渲染，力求真实客观地反映国外行政院校。

当前，我国的改革开放进入了新的历史发展时期，随着全面建成小康社会目标的实现，行政学院系统担负的教学科研和开放办学任务越来越重。在这一新的历史形势下，广大行政学院工作者会更加自觉地关注国外行政学院的发展，也会更加自觉地总结国外行政学院发展的经验，形成新的精品力作。对此，我们真诚地期待着这一天的早日到来！

国家行政学院国际部

第一部分

北　美

美国联邦行政学院

一、机构概况

美国联邦行政学院是以政府领导者为目标群体而设立的行政管理发展培训中心，成立于1968年，隶属于联邦政府内的人事管理总署，是领导力发展中心①的一部分。学院的使命是“培养优秀行政官员，保证联邦政府工作的行政效率”。在经费来源方面，属于自收自支，不享受国家任何财政预算。

学院位于弗吉尼亚州中部，北距首都华盛顿200多公里。学院占地面积15公顷，主要建筑有两座——主楼主要用于办公和教学，侧楼主要用作学员宿舍。此外还有体育运动等设施。

学院的培训对象为部分高级行政类官员（相当于司局长级）和即将升入高级行政类官员系列的一般行政类最高级别的官员（相当于处级至司局级之间）。这两部分人员在培训人员中分别占20%和80%。在美国政府中，高级行政类官员大多负责一些专业政策性的研究，有些就是高级科学家或工程技术人员，专业面较为狭窄。一般行政类最高级官员通常管理着较大或较重要的基层部门，有的部门甚至有二三百人，掌握着数十亿美元的大项目。高级行政类官员来学院培训主要是为了扩大视野，增强管理经验和领导能力，而对于一般行政类最高级官员来讲，除了上述目的之外，来学院培训还是使他们具备从普通类公务员晋升为高级行政官员的重要任职条件。

参加培训的学员普遍具有高学历背景，几乎所有的人都具有学士学位（95%），大约有2/3的人具有硕士学位（45%）或博士学位（18%）。学员的平均年龄为48岁，年富力强，他们绝大多数专业知识深厚，经验丰富，有较强的

---

① 在领导力发展中心内部，设有三个培训基地，分别是美国联邦行政学院、东部管理发展中心和西部管理发展中心。

工作能力，是美国政府中的优秀人才。通常每期常规培训班的学员人数为70个左右，代表着30—35个不同的联邦机构，近一半学员来自华盛顿联邦政府，另一半则来自地方的联邦派驻机构。此外，还有少量的外国学员参加培训。该院每年培训学员800—900人。

二、培训目标

学院的培训目标有8项：

一是加深对美国治理国家的制宪基础系统全面的理解和认识；二是认识公共服务文化的基础以及其内在价值；三是认识高级行政官员任务的范围和有效执行任务的策略；四是通过政府高级行政官员之间的交流与研讨，促进学院加深对当前政策问题及其难点的认识；五是通过跨岗位、跨机构学员混合编班，建立提供专门知识与咨询意见的网络；六是通过调查分析和测评，确定最佳个人职业生涯前景、目标和培训需求；七是提高团队综合实力、小组执行任务能力和小组领导能力；八是通过个人保健、生活方式、财务状况评价，促进行政官员为承担领导职责做好准备。

三、师资队伍

1. 专职教师

学院专职教师数量较少。2012年，学院专职教师人数仅为6人。

专职教师从全美范围内挑选。学院拥有一个大型专家库，定期从该库中选聘专职教师。对专职教师的要求是：具有丰富的政府工作经验，较深的专业知识，理论与实践结合紧密，以及较强的组织协调能力。教师不仅授课，还是培训项目的管理者，负责组织课程，引导小组交流、研讨、评估等活动。

专职教师任期一般为3年，任职期间，享有国家公职人员待遇。任期满后，需重新竞争上岗，否则就失去该职位。

2. 兼职教师

教学中使用的教师大部分为兼职。其挑选是依据课程要求，在全球范围内进行。每个课程都有至少10人的兼职教师库。

兼职教师的条件是：较深厚的专业知识，较强的组织协调能力。兼职教师无须具备政府工作经验，因此，兼职教师来源较广，既可以是联邦政府在职和卸任的官员，也可以是普通高校的专家学者、大型企业领导人员或高管以及国际组织的高级管理人员。

四、主要培训课程及培训方式

学院主要进行三个方向的培训项目，分别为民主社会领导力、组织绩效、全球领导力。

1. 民主社会领导力

该项目为期 4 周，旨在提高政府高级行政管理人员的领导能力，以此提升他们个人及全部门的工作绩效。这个培训项目的主题主要有四个，分别是：个人领导力、变革中的组织、宪法机制下的政府政策、全球背景下的行政行为。

该项目为学员提供住宿式学习体验，每年开展 10 次，每次为期 4 周，每期培训规模设定为 70 名。但由于这一项目非常受欢迎，几乎每年都有大约 750 名学员完成这一项目的培训。

该项目的一个特点是，除了密集的课程安排，学院还根据每位学员的情况，有针对性地提高学员的领导力，提供个性化的领导力发展途径。通过整合同行和教师意见的 360 度评估法，找到学员需要加强的领域，并通过使用优缺点列表和持续性反馈，不断吸取来自同行和学员的意见反馈，用以帮助学员自我审视，从而提高教学培训质量。

在培训中，学员们还被分成领导力发展小组，每个小组由数名学员组成，并由一名专业催化师（facilitator）指导。此外，学院还组织各种课外活动、领导力实践和较大规模的模拟训练（如 MBTI 职业性格测评），以鼓励学员彼此联络，帮助学员建立个人人际网络和跨部门关系。

另外，这一培训项目的一项重要内容是促进学员身体健康。学院鼓励每位学员都参加营养评估，并在早餐前和中间休息时参加健身课程。另外，在项目中也安排健康方面的议题讨论。学院积极倡导忙碌的行政管理者追求工作与生活的平衡，保持身体健康。学院也提供健身馆、网球场、游泳池等健身设施，供大家课外使用。

2. 组织绩效

这一项目致力于咨询和特定的组织需求。这一项目在以下领域全年公开招生：组织间合作、控制情绪的能力、战略领导力。这一项目也可以根据培训对象的需要量身定做培训计划。这一项目的培训活动与多家单位（包括美国国际发展机构 USAID、美国海洋和大气管理局 NOAA 等）合作进行。

3. 全球领导力

学院是全球领导力委员会的创始会员之一。该项目致力于培养全球环境下的卓越领袖，主要培养行政官员的全球视野和全球思维。

（周洁）

哈佛大学肯尼迪政府学院

一、机构概况

肯尼迪学院成立于1936年[①]，属于私立高等教育机构。自成立以来，该院就定位为“研究公共政策和培养相关从业者的前锋和领导者”，其长期使命是“培训有智慧的公共领导人，为回答最具挑战性的公共问题提供思想”。

时至今日，肯尼迪学院已经成为全美乃至全世界最有名和最有国际影响力的领导人员培训机构之一，拥有15个研究中心（所）和30多个领导人教育项目和学历教育项目，其27 000多名校友遍及全球137个国家的公共部门、私营部门和非营利部门。

二、治理结构

学院的治理结构包括：一是学院行政领导班子，二是嘉宾委员会，三是院长顾问委员会，四是女性领导力委员会，五是院长杰出校友委员会，六是校友会理事会。

1. 学院行政领导班子，由15人组成，设有院长1名；分管学术的副院长1名；分管行政的副院长1名；院长助理10名，有2名分别兼任首席财务官、首席信息官；聘任委员会主席1名；院长办公室主任1名。学院内共设有25个行政管理机构，包括院长办公室、2个副院长办公室等。

2. 嘉宾委员会，由21人组成，主要由美国或国际知名人士担任，比如有美国CNN的高管人士、著名投资银行的CEO和白宫高级官员。学院不定期邀请嘉

---

① 1936年，肯尼迪学院的前身行政管理研究生院由 Lucius N. Littauer 捐赠200万美元设立，1966年，正式命名为肯尼迪政府学院，并下设政治研究所，用以纪念被害的肯尼迪总统。

宾委员会成员来院授课。

3. 院长顾问委员会，由121人组成，其中有一个由7人组成的执行委员会。顾问委员会成员是来自世界各国的政要、商界名流、金融人士、法律专家和其他行业的知名人士。委员会的主要职责：为学院院长出谋划策，协助制定学院战略重点；担当义务宣传大使，对外宣传学院的成就和使命；为院长、教师和行管人员提供建议，帮助学院解决亟须支持的事务；带头为学院捐款，为教师聘用、课程开发等学院重点战略任务提供支持。该委员会通过对学院事务的建议指导、热情关爱和财政支持，发挥了很强的领导作用。

4. 女性领导力委员会，由165人组成，成员来自世界各国，由具有政府、私人企业和非营利机构工作经验的女性组成。委员会主要为学院院长担任顾问，对学院“女性与公共政策项目”的学术、科研和发展提出建议。

5. 院长杰出校友委员会，由72人组成，成员由学院优秀毕业生组成。委员会担任学院的义务宣传大使，对外开展宣传推广活动。

6. 校友会理事会，由20名学院的校友组成，是一个志愿者机构。理事会的工作包括：筹集资金、颁发校友成就奖、建设校友网站、促进校友的职业发展等。

三、经费来源

2012财政年度，肯尼迪政府学院的运营总收入为1.4亿美元，运营总支出为1.5亿美元，盈余约500万美元。总收入中，学费收入占27%，投资收入占28%，赞助及捐赠收入占38%，其他收入占7%。总支出中，员工薪酬（工资加福利）占60%，教学及研究场所成本占10%，奖学金占5%，物资及设备占4%，非运营费用等其他成本占21%。

四、师资队伍

根据2013年肯尼迪政府学院网站最新数据，学院教师队伍188人。其中，终身教授51人，荣誉教授4人（指退休的顶尖教授），公共服务教授与实践教授10人（指政界、企业界、学术界的名人），副教授及助理教授21人，高级讲师及讲师42人，访问学者6人，兼职教授51人。教师队伍由学院15个研究机构的专家组成，他们的主要专业背景是经济学、政治学、社会学、法学、公共政策学、历史学、统计学、卫生学、教育学等，主要工作是教授与他自己学科相关的核心课程，在学院下属研究机构中从事与他自己兴趣相关的研究项目。有的教研人员来自国际组织、联邦与州政府，有的来自非营利部门、私营部门。

此外，学院还有 473 名工作人员，协助学院教学、研究及行政工作。其中，教学项目工作人员 105 名，研究项目工作人员 197 名，行政及辅助人员 171 名。

五、培训规模

2012 至 2013 学年，约 1 015 名全日制学生攻读学院的硕士学位课程。其中，国际学生 440 名，占学生总数的 43%，来自 92 个国家。约 162 名全日制学生攻读学院博士学位课程。其中，国际学生 44 名，占学生总数的 27%，来自 31 个国家。约 2 953 名学生选择了学院的高级领导人员培训项目。其中，国际学生1 520 名，占学生总数的 51%，来自 151 个国家。

六、主要培训课程及培训方式

学院的培训课程主要分为两类：一类是学位教育课程，包括硕士和博士，旨在培养下一代领导人；另一类是高级领导人员培训项目，面向全世界领导人，尤其是那些希望在一种高度协作、学术氛围浓厚的环境中拓展能力的高管。本报告重点介绍高级领导人员培训项目。

在教学方式上，高级领导人员培训主要采用案例研讨、情景模拟、团队研究等互动式教学，目的是帮助学员分享经验、提高技能，并从中建立个人人际关系网络。该网络被许多学员视为终身受用的宝贵财富。

按运作形式的不同，高级领导人员培训可分为两大类：一类是个人收费注册项目，覆盖 6 个领域（联邦政府领域、国家安全领域、全球领域、州及地方政府领域、非营利及非政府组织领域、领导者技能发展领域），共 34 个项目；另一类是团体合同项目，该项目专为具有特殊需要的团体客户量身定制。这是学院成为世界一流高级管理人员培训项目提供商的关键所在。

个人收费注册项目主要有：

（1）联邦政府培训项目。

——高级主管研修班：为期 25 天，面向美国联邦政府 GS-14/GS-15 级雇员（普通公务员的最高薪级）、军队中的相同级别军官、高级行政公务员后备人员以及与公共部门合作的私营部门经理提供。该项目的培训目标是向学员提供解决各种复杂问题的有效战略框架与手段，课程主要集中在解决问题、战略分析、劝说、谈判等领域。

——政府高级管理者培训班：为期 20 天，面向美国联邦政府、其他国家政府和国际组织高级管理者。该项目的培训目标是向学员提供能够促进组织兴旺发达的先进的核心领导技能，课程侧重于：①政策发展，使决策过程能够有效吸收组织内部各种知识资源，促进政策执行；②政治战略，发动一切支持性因素，共同支持具体政策；③绩效管理，界定、评估和提升组织绩效；④组织设计，在组织内部建立权威和沟通结构来使绩效最大化；⑤谈判，创造双赢结果，解决分歧，打破僵局；⑥领导力，评估和提升领导艺术，包括危机状态下的领导力。

——规制和执法机构的战略管理培训班：为期 5 天，面向美国联邦政府、州政府、市政府以及国际社会的高级规制政策制定者、管理者和高级执行官员开设，集中关注社会规制（控制社会风险）而非经济规制问题。课程涉及规制政策风险管理、跨部门有效合作等。

（2）国家和国际安全高级管理人员培训项目。为期 12 天，面向国家安全与国际安全领域即军官、高级民政官、政治任命官员、国会与媒体、实业界领袖和国际组织领导人开设。培训目标是使学员通过跨领域互动了解当前安全问题，拓展相关评估和决策技能。主要课程包括全球恐怖主义的威胁、安全政策发展、区域安全问题、谈判与领导、立法机构与媒体以及军民关系等。

（3）全球培训项目。这是学院发挥国际影响力的主要平台，包括以下具体子项目：

——比较税收政策与管理：为期两周，面向政府、学术界和私营部门的高级从业者提供培训，分析税收政策最新发展，在全球设计和执行税收制度。

——促进私营企业发展的金融制度：为期 12 天，向微观金融和中小企业提供商业银行服务的高级管理者、咨询者和监管者提供培训，课程包括政策框架与环境、制度模型、运作、金融形式等。

——市场经济中的基础建设：变化社会中的公私伙伴关系。为期两周，面向公共部门、私营部门和非营利部门的高级官员提供培训，主要集中在基础设施、交通和公用设施领域。

——经济发展创新：为期 5 天，面向政府、学术界、实业界和公民社会的高层领导人开设，培训的核心是设计和执行促进经济发展的创新政策。课程包括科技前沿、创新体系、基础设施服务、信息与沟通技术、医疗技术、农业技术、绿色技术、科技咨询、科技外交、信息与经济发展等。

——发展中的领导人：动态世界中的变革管理。面向发展中国家领导人提供转型期领导力课程，目的是提升学员分析和解决问题的战略行动能力，掌握加强代议制政治与市场经济的新方法，探索有效回应外部变化的经验。

——公共财政管理。为期三周，面向高级官员、议员和其他关心公共财政管理的非营利部门领导人等。课程包括基本宏观经济问题、财政政策与财政体系、预算分配方法、预算执行、政治与结构要素等。

——非政府组织领导人战略管理。为期 5 天，面向东南欧和东欧、东地中海地区和中东地区非政府组织领导人，以及与非政府组织管理相关的政府官员、与非政府组织有伙伴关系的私营企业领导人等。课程包括领导力挑战、战略分析与规划、伙伴关系与协作、绩效测量与组织焦点、领导者治理、公信力、谈判等。

——贸易政策实践：经济、谈判与规则。为期两周，面向政府官员、私营部门领导人、非营利部门领导人等提供培训，培训目的是使各层次的贸易实务者分析、阐明、谈判和执行有效的贸易政策。

（4）州、地方与非营利组织管理培训项目。

——扩展非政府组织影响力。这是面向全球非政府组织领导人的网络在线培训项目。该项目注重战略培训，包括战略的提出与变迁理论，促进组织合法性和在关键利益者处获得支持、扩展利益相关者联盟的能力，扩展跨部门伙伴的能力、管理变革和组织学习的能力。

——领导力管理：重构非营利组织理事会。面向全球非政府组织领导人的网络在线培训项目，为期 8 周，分为 4 个模块：领导力管理的关键概念，确定和回应实践中的挑战，情景模拟（理事会困难局面的案例分析），主管领导者的挑战。

——非营利组织财务管理：战略财务管理的理念和技术。面向全球非营利组织领导人开设的网络在线培训项目。分为 4 个模块：使命、金钱与影响力，理解财务决算，财务管理的工具、框架与概念，预算与资源分配。

——如何组织：人、权力与变革。面向全球公民社会组织、社会运动领导人开设的网络在线培训项目，包括 9 个模块：一般组织理论、权力与支持者、为何要组织起来、建构达成共同利益的关系网络、团队建设、动员战略、如何进行基于使命的动员和资源配置、运动与组织建设、组织者与未来。

——非政府组织有效管理的绩效测量。这是哈佛商学院社会企业推动中心与肯尼迪学院豪瑟非营利组织研究中心合作提供的面向全球非营利组织领导人的培训项目，旨在提升非营利组织领导人运用绩效测量达到组织战略的能力。课程主要集中在绩效管理的挑战与障碍、绩效管理的战略性运用等方面。

——州和地方政府高级主管培训项目。为期三周，面向州和地方民选代表、政府公务员，以及非营利组织领导人和国家级协会的领导人开设。课程主要包括：领导力、战略与政治管理、公共价值与政策分析、内部能力。

——非营利组织战略框架。面向发展中国家非营利组织领导人开设的网络在线培训，包括五个方面课程：宗旨说明、战略框架、项目系列管理、市场营销、战略态势分析等。

（5）领导者技能发展培训。

——领导艺术与实践。为期一周，面向美国和全球的咨询师、教师和培训师。通过实时案例、同行咨询团队、实践教学、现场观摩来提升培训者协助促进解决问题的能力。

——解决社区问题：民事领导力技巧。为期 3 天，面向美国的城市、郊区、小城镇和农村地区的社区管理者，旨在构建社区信任关系、采取有效公共行动。

——创造协作之道：治理创新。为期 5 天，面向公共部门、私营部门和非营利部门领导人，培训内容涵盖五大方面：公共部门战略管理、调适性领导力、公共部门创新、原则性谈判、政治创新等。课程主要有战略、管理创新、无权威领导、谈判、伙伴关系、政治创新。

——高等教育中的危机管理。为期 3 天，是哈佛大学教育研究生院和肯尼迪学院的合作培训项目，旨在帮助高等教育领域领导人发展在有效管理危机过程中收集关键信息、适应特殊环境、优化行动和回应的能力，且涵盖领导团队沟通战略的发展等。

——促进政府绩效：有效的领导战略。为期 5 天，面向政府官员和提供公共服务的非政府组织领导人提供培训，主要集中在结果导向的战略管理和动机管理方面。

——领导者决策：优化组织绩效。为期 5 天，目的是让学员掌握有效决策进而提高组织绩效的能力。课程包括决策理论与实时案例，以及个人自我评估。该项目最大的亮点是运用哈佛决策科学实验室，即学员结合软件模拟的场景进行决策方面的心理、环境等管理。该实验室 2009 年 1 月开放，夏季开始用于高端培训项目，可以同时容纳 36 人进行 36 个主题的决策实验。

——21 世纪的领导人：为期 5 天，面向政府、企业和非营利组织的高级主管。由于在该培训项目中，学员本人的经验对于学习过程非常重要，学院在甄选学员的时候往往考虑到职业和地缘的多样性，以便学员们充分交流。其课程设置也比较独特，主要靠学员们结合自己的领导经验来讨论和反思面临的挑战，并在此基础上分组以促进学员们深度分析，互相提出建议。

——危机中的领导。为期一周，主要目的是促进公共部门、私营部门、非营利部门高级领导人在危机中成功管理、共渡难关。因此，侧重于危机发生前跨组织、跨地域的协作。该项目课程主要包括：个人与组织预案；情境认知；解决危机过程中运作与政治参与者的角色；培训与演练的作用；控制与合作系统。

——掌控谈判。为期 5 天，超越一般的谈判技能培训，旨在促进跨越文化、组织、部门的工作关系的建立。该项目互动性强，整合了许多创新性的学习工具，包括案例分析、经验交流、一对一和多方的情景模拟，从而使学员经历各种谈判风格。该项目吸引了大量有成就的领导人，包括美国联邦、州和地方政府层面的主管官员，以及来自全世界的非政府组织、国际组织、公司和政府官员。

——制定国家预案领导力：面向美国联邦、州和地方政府负责针对恐怖主义事件和自然灾害的预案、反应和重建的高级官员。该项目包括三个部分，第一部分是一周的集中培训，包括案例教学、讲座和互动练习；第二部分是每月一次的短研讨会、讲座或讨论的虚拟会议；第三部分是两天半的结业研讨会。期间，学员还必须完成一个预案项目。

——妇女与权力：新世界中的领导人。为期 5 天，目的是帮助处于高级管理职位的妇女发展有效的领导战略。培训主要运用真实案例、小组研讨、情景模拟等手段来使学员探索公共部门、私营部门和非营利部门的战略管理问题；拓展谈判、构建联盟和影响政治过程的战略和技能。

（褚松燕）

—— 锡拉丘兹大学马克斯维尔学院 ——

一、机构概况

马克斯维尔学院成立于1924年，属于私立高等教育机构，是美国建立最早的公共行政研究生院，也是全美第一家授予公共管理硕士学位的学院，被称为全世界公共管理学的摇篮和发源地，堪称公共管理学的“鼻祖”。

学院是美国高校公认的公共管理教育领域专业权威，连续17年在《美国新闻与世界报道》全美“公共事务”专业研究生院排行榜综合排名中蝉联榜首。其中，公共管理与公共行政专业、公共财政与预算专业两项分项目排名也是全美第一。

从诞生伊始，学院就成为培育政界精英和学界权威的摇篮，培养了包括内阁部长、副部长、助理部长在内的500名美国政府高官，同时也为世界各国政府培养了众多的公共管理高级人才。

二、治理结构

学院的治理结构包括学院的行政领导班子和学院咨询委员会。

学院行政领导班子由10人组成。其中，院长1名，高级助理院长1名，助理院长3名，高级主管1名，主管4名。

学院咨询委员会由41人组成。其中主席1名，委员39名，荣誉委员1名。委员会成员主要由工商巨子、政府高级官员、金融名流、法律专家、学术专家和其他知名人士构成。与哈佛大学肯尼迪政府学院咨询委员会不同，委员中32名为马克斯维尔学院校友，这些校友既能够充分认同学院使命，又兼容各界宽广视野，可以更好地为院长及其他学院领导提供咨询服务，并在帮助谋划学院未来发展方面发挥着关键作用。咨询委员会一般一年集中开会两次，咨询委员会专门小组可随时集中，以帮助解决专门问题。

三、经费情况

2009 财政年度，马克斯维尔学院的运营总收入 9 520 万美金，运营总支出 5 010万美金，盈余 4 510 万美金。

在运营总收入中，学费收入 7 550 万美金，赞助费收入为 510 万美金，捐献收入为 50 万美金，投资收入 310 万美金，本大学财政资助 1 100 万美金。

在运营总支出中，专职教研人员与专职职员工资支出为 1 900 万美金，专职教研人员与专职职员福利支出为 760 万美金，奖学金 50 万，物资及设备支出为 350 万美金，教学与研究场所开支 380 万美金，其他行政开支 1 620 万美金。

四、师资队伍

学院共有专职员工队伍 245 人，分为专职教研人员与专职职员两类。专职教研人员 141 名，其中，教授 57 名，副教授 52 名，助理教授 32 名。专职职员 105 名。除此之外，还有兼职教授 13 名（其中 12 名来自校内，1 名来自校外），教学与研究助理 1 575 名，由学生兼职。

专职教研人员由 8 个系以及 8 个研究机构的专家组成，其主要专业背景是公共行政学、政治学、公共政策学、法律学、经济学、社会学、人类学、历史学、统计学等，主要教授与自己学科相关的核心课程，并在学院下属的研究机构从事相关研究项目。有的教研人员来自联合国等国际组织、联邦与州政府，有的来自非政府及非营利部门、私营部门。

教授与副教授都属于终身教授。57 名教授又分为 3 类：一是杰出教授（6 名），是本学科的顶尖教授，一般为教学、科研、咨询三方面都非常优秀的杰出代表，均不兼任各系及院行政领导；二是教授（46 名）；三是实践教授（5 名）。实践教授没有学术研究的任务，但职业经历丰富，且擅长教学。如，实践教授 Leonard E. Burman，曾在财政部工作 10 年之久，2009 年任职以来教授公共预算课程，2010 年 3 月 23 日向国会众议院岁入委员会选择增加收入措施小组委员会陈述“税收与预算”的改革主张。实践教授 Christina Merchant 曾在劳工部负责工资冲突谈判多年，现在学院主持冲突管理基础课程。

五、培训规模

2009 年，攻读学位的注册学生共有 2 572 人。其中，博士生 382 人，硕士研究生 486 人，本科生 1 704 人。

专业学位分为公共管理硕士（M. P. A）、国际关系硕士（I. R）、高级公共管理硕士（E. M. P. A）三类。433 人攻读专业学位，国际学员 176 人。公共管理专业学位包括公共管理硕士、公共管理与文学（国际关系）双硕士、公共管理与法学双硕士。国际关系专业学位包括文学硕士、文学（国际关系）与法学双硕士、文学（国际关系）与公共管理双硕士。高级公共管理专业学位包括高级公共管理硕士，高级公共管理与文学（国际关系）双硕士。

社会科学学位涵盖人类学、经济学、地理学、历史学、国际关系学、政治学、公共管理、社会科学、社会学 9 个学科。攻读社会科学学位的学生共计 2 139人，其中，博士 382 人，硕士 53 人，本科 1 704 人。人类学学位包括：文学学士、文学硕士、哲学博士。经济学学位包括：文学学士、理学学士、文学硕士、哲学博士 。地理学学位包括：文学学士、文学硕士、哲学博士 。历史学学位包括：文学学士、文学硕士、哲学博士 。国际关系学学位包括：文学学士 。政治学学位包括：文学学士、文学硕士、哲学博士 。公共管理学位包括：哲学博士。社会科学学位包括：社会科学硕士、哲学博士 。社会学学位包括：文学学士、文学硕士、哲学博士。

六、主要培训课程及培训方式

马克斯维尔学院的领导人员培训主要有两种类型。

（1）高级公共管理硕士培训。创立于 1976 年。申请者须具有 7 年工作经验。2009 年新注册的 EMPA 学员 63 名，上一学年延续学员 44 名。这 99 名学员中 35 个国际学生，来自 12 个国家。平均年龄 40 岁，平均工作年限 10 年。学制一般为 1 年，也可以根据工作需要灵活确定，学员只要修满 30 个学分即可。目前学费共计 33 510 美金。除组织领导力、政策分析基础、硕士项目设计 3 门必修课程以外，学员根据其职业、组织需要以及学术顾问的指导选修课程。公共行政学系提供的课程涉及 6 个领域：环境政策与管理、国际发展与管理、公共与非营利组织管理、州与地方政府财政分析与管理、社会政策、技术与信息技术政策、国际与国家安全政策。学员可在大学 13 个学院范围内选修公共行政学科以外的 4 门课程。目前学员多选修经济学、人类学、信息科学、法律课程。

（2）职业资格证书项目培训。一是高级研究资格证书项目培训。该证书单独设立，不授予学位，学员无须在任何学位教育项目中注册，但需要在一个学期内修满 12 个学分。若学员继续攻读高级公共管理硕士（E. M. P. A）学位教育，则只需要再修满 18 个学分即可。高级研究资格证书细分为四个方向：公共行政、国际组织与非政府组织领导力、卫生服务管理与政策、冲突解决。二是职业资格证书项目培训。该项目可供锡拉丘兹大学硕士研究生兼修的。分为七个方向：民间社会组织，冲突管理，信息技术、政策与管理，拉美研究，中东研究，安全管理研究，南亚研究。

（宋世明）

加拿大公共服务学院

一、机构概况

加拿大公共服务学院成立于2004年4月1日，由加拿大管理发展中心、加拿大培训和发展中心、加拿大语言培训中心3家机构合并而成，属于政府部分资助的副部级公司性机构。此前，加拿大管理发展中心负责联邦高级公务员培训；加拿大培训和发展中心负责联邦公务员的初任培训以及与各部委具体业务紧密相关的职业发展培训；加拿大语言培训中心则负责为联邦公务员熟练掌握英、法两种官方语言提供培训。

加拿大公共服务学院的成立是顺应加拿大政府改革的需要。加拿大政府认识到，公职部门最有价值的资产是人才；培训是提高公务员能力、效能和责任性的有效手段；应当为公务员提供一种一体化的、以人为本的、贯穿职业生涯始终的培训。2003年，为了适应全球公共部门发展趋势，推动本国公职部门人力资源管理改革，加拿大联邦政府颁布了《加拿大公职部门现代化法令》。在该法令第四部分，专门对原《加拿大管理发展中心条例》进行修订，制定了《加拿大公共服务学院条例》，决定成立加拿大公共服务学院，以保证加拿大公职部门雇员能以尽可能最有效的方式获得工作所需的知识和能力。

根据《加拿大公共服务学院条例》精神，学院需要履行如下使命：

1）鼓励公职部门的自豪感和追求卓越的精神；

2）培养公职部门一致认同的目标、价值和传统；

3）帮助各单位行政首脑（副部长）满足本单位的学习需求；

4）为公共部门管理人员和职员提供培训、拓展及发展课程；

5）追求卓越的公共管理和公共行政。

二、治理结构

加拿大公共服务学院的治理结构包括：1. 主管部长；2. 董事会；3. 学院行政领导班子。

1. 主管部长

根据《加拿大公共服务学院条例》规定，设立专门负责监督该条例实施的部长一职，由院督①（Governor in Council）任命枢密院②某位成员担任。现任主管部长为加拿大国库委员会主席。

2. 董事会

董事会由私营部门和公共部门代表组成，人数不超过 11 人。其中，除董事会主席之外，来自公共部门的董事与来自私营部门的董事必须各占一半，名额对等。

董事会主席一职由加拿大公职部门人力资源管理署主席担任。常任董事两名，分别为学院院长和一名来自公职部门的代表，由加拿大枢密院书记长③任命。

董事会的主要职责是检查学院的战略方向、计划和绩效，并向学院院长提供关于学院重点工作的建议。董事会每年开两次会，每个财政年度需向议会提交《部门年度绩效报告》，每 5 年向议会提交学院全面工作情况报告。

3. 学院行政领导班子

学院由 1 名院长兼首席执行官领导，全面负责学院工作。院长为副部长级，每届任期 5 年，并可连任。

学院另设 3 名副院长，各自负责 1 个部门。一是培训项目部，负责学院所有培训课程的设计、开发和实施。二是公司管理和注册服务部，负责学院的财务、行政、人力资源、信息技术及注册等事务。负责此部门的副院长同时兼任学院首席财务官。三是战略方向、项目开发和市场部，负责学院工作计划、政策、评估、业务创新、市场营销、公关等。

三、主要培训课程及培训方式

根据加拿大国库委员会 2006 年制定的加拿大学习、培训和发展政策的要求，

---

① 加拿大内阁委员会之一。

② 加拿大总理和总督的咨询机构，由内阁成员、省长和其他政界要人组成。

③ 加拿大公共服务部门中的最高级官员，负责公共服务部门的全面领导工作。

学院主要有两项职能：一是为联邦政府公职人员提供必修培训课程；二是提高各单位行政首脑（副部长）及其下属的组织领导力，帮助他们将工作重点与管理改进目标相统一。2009 年，加拿大联邦政府进行了人力资源管理改革，强化了各单位行政首脑（副部长）管理本单位人力资源的权限。由此，学院不再拥有任何政策职能，而完全侧重于学习与领导力开发。

同时，学院处于市场竞争的经营状态，如何巩固并不断扩大其在加拿大联邦公职部门培训市场中的份额，获得稳定财源是其经营要义。

因此，学院的培训定位于回应公职部门当下和未来的需求，侧重培训产品的针对性、可承受性和质量。在此基础上，学院课程设置分为基础学习、组织领导力开发、公共部门管理创新三部分，每一部分都开设多种具体的培训课程。

为保持竞争力，学院采取了多种手段。一是定期评估课程并进行更新。例如，2010 年，学院就淘汰了 25%效果欠佳课程，并根据公职部门最新需求，开发了 47 项新课程，修订了 32 项课程。二是跟踪评估学员满意度。2006 至 2011 年，学院课堂授课总体满意度在 4 分及以上（5 分制）。2011 年财政年度，学院共实施了 800 项培训活动，培训规模为 17.769 2 万人/天。学员个人的满意度为 82%，学员单位的满意度为 81%。三是跟踪客户最新需求。院长通过副部长学习咨询委员会等论坛形式，了解各单位行政首脑对培训的建议和意见。学院还会定期与有关客户会谈，讨论各单位特定的培训需求。

（一）基础学习

该部分是为公务员提供为其完成本职工作所必须具备的知识、技能和能力。该部分包括 4 类培训。

1. *必修培训*。分为两类。一是拓展培训，针对所有核心行政部门新录用的公职人员。其目的是使这些新人了解加拿大政府和议会的运作方式，公职部门的共同文化（组织价值观、伦理和责任等），使他们能够迅速融入工作。2011 至 2012 财政年度，有 4 383 人参加了该培训。二是授权培训和测评。授权培训针对各级管理人员，最高包括助理副部长级，其目的是帮助他们能够有效运用其获得的授权，如财务、人力资源、采购、信息管理等。2011 至 2012 财政年度，有 7 285人参加了该培训。授权测评是根据 2006 年实施的学习、培训和发展政策规定，所有管理人员在晋升到高一级职位时必须通过一项知识测评，以证明其明白自己所需承担的法律责任。

2. *职业发展培训*。分为两类。一是功能团体培训。功能团体是指一群拥有共同的工作目的、工作职能和职业利益的公职人员，例如各单位从事信息管理、人力资源、财务和审计、采购和资产管理等各类功能性事务的专业技术人员，旨在通过培训帮助他们获得岗位所需的知识和技能。2011 至 2012 财政年度，共培训了 13 381 人。二是职业技能发展培训，目前主要针对财务、采购和资产管理及法规部门的专业技术人员，使他们获得最新理念和良好实践，以提高其工作技能。2011 至 2012 财政年度，共培训了 15 120 人。

3. *官方语言培训*。该培训目的是使加拿大联邦公职人员熟练掌握英、法两种官方语言。根据加拿大国库委员会的决定，自 2012 年 3 月 31 日起，学院不再直接提供语言培训，而是侧重于构建并维持加拿大联邦公职人员的官方语言水平，主要通过如下机制：一是培训实施外包，学院只是负责制定质量标准并监控是否达标；二是开发并投放在线语言培训工具及课程；三是开展语言学习技术和方法研究，包括如何满足有学习障碍的人的学习需求；四是为语言学习计划提供相关服务。

4. *在线学习*。包括在线课程和在线合作技术培训两部分。自 2011 年 3 月 31 日以来，通过学院开发的“一体化学习管理系统”，学员可在任何时间、任何地点在网上完成课程注册、课程学习安排、学员测评、课堂和在线活动、学习成绩报告和支付培训费用等所用活动。此外，学院还与相关部委合作，为其量身定制在线培训课程。2011 至 2012 财政年度开发了 3 000 项这样的定制课程。

（二）组织领导力开发

该部分旨在培养现职和未来的公职部门领导人，以使他们具备高超的领导技巧、前瞻思维和全球视野，并能有效服务于政务官。此部分培训包括 3 方面内容：一是领导能力，二是领导力开发项目，三是构建领导力社群。

该部分培训内容的设置具有如下特点。一是按照加拿大联邦政府首席人力资源官的要求，以领导力发展框架为指导，制定了职业生涯任务培训项目、管理培训生项目和高级管理人员快速开发项目等基础培训。二是根据公职部门当下和未来需要，开发了能支持领导者职业生涯不同发展阶段的培训项目。例如，高级领导力项目、direcxion、卓越的高级管理人员项目和 i 领导力项目，就是为分别适应不同层次的领导者而设置，这样可帮助管理者在晋升的每一阶段都能找到合适的学习内容。三是为加强领导人员在全球化背景下处理问题的能力，积极开展国际合作培训项目。例如，2008 年，开发了“跨国界领导力项目”，比较 4 个国家的有益经验与教训，以提高学员在复杂环境下的领导力。四是注重在高级公务员中构建人脉网络。例如，学院举办了 Manion 系列讲座，邀请知名人士就当前关键问题与学员进行辩论或探讨，以拓宽学员视野，并为他们提供搭建人脉网络的机会。学院曾邀请英国内阁大臣来院讲座，探讨英国政府如何在当前充满挑战的经济形势下运作，来自加拿大联邦政府和各大学的高级管理人员约 500 人出席。

（三）公共部门管理创新

该部分通过传授公共管理创新理念和有效实践，使公职部门具备管理组织变革的能力，高效应对现存及未来可能发生的挑战。该部分包括两方面内容：一是组织学习服务，二是创新管理实践。

与前两个部分不同的是，在这一部分，学院既为本国机构提供诸如组织发展、组织变革管理、360 度评估等培训服务，又与外国机构开展合作，以分享知识，传播治理能力。例如，2011 至 2012 财政年度，学院执行了加拿大国际开发署一系列项目，对马里、乌克兰、加勒比海地区等国家的公务员进行管理创新领域的领导力和治理能力方面的培训。此外，学院还发起了一项名为“新协同项目”的国际合作项目，推进公共行政领域理论和实践的研究。

四、员工情况

根据《加拿大公共服务学院条例》，学院的工作人员在身份归属上应分为两类。一类是负责学院工作执行的行政类人员，属于公务员身份，适用《公务员录用法》和《公务员劳资关系法》。另一类是院长代表学院雇用的教学和研究人员。他们的工作条件包括工资并不是统一的，而是由院长在征得加拿大国库委员会同意后自行确定。这些教研人员虽不适用《公务员劳资关系法》，但也有其优厚待遇，既可作为国家雇员适用《国家雇员赔偿法》，又可作为联邦政府工作人员适用《公务员养老金法》。

五、经费情况

加拿大公共服务学院的资金来源主要有两种：一种是政府拨款，主要用于执行政府交办的任务，例如，执行“学习、培训和发展政策”；另一种是提供服务或产品所获得的收入（包括知识产权收入）。

2011至2012财政年度，学院总支出为1.32亿加元，其中，员工工资和福利占65%，专业和特殊服务费占19%，场地租赁和设备费占9%。总收入[①]为0.724亿加元。另外，加拿大政府提供的净现金[②]约0.51亿加元。与上一财政年度相比，学院总支出和获得的政府净现金呈减少趋势，而总收入保持稳定。

（周洁）

① 统计口径为提供服务或产品等的收入，不包括政府财政拨款。

② 根据规定，学院收到的所有现金均需存入“国库统一收入基金”中，而学院所有的现金支付也必须从该基金中开支。加拿大政府提供的净现金即指这种所有现金收入与现金支出之差额部分，包括联邦政府部委之间的交易支付。

第二部分

欧　洲

欧洲行政学院

一、机构概况

（一）机构简史

欧洲行政学院（The European Institute of Public Administration，简称EIPA）于1981年在荷兰的马斯特里赫特建立，院址主要坐落在位居马斯特里赫特中心的昂兹·利佛·福洛维普雷历史广场上。

欧洲行政学院的建立和发展与欧盟的发展有密切的关系。应当说，欧洲行政学院在建立与发展过程中，比较成功地适应了对欧盟成员国不断增长与变化的需求。学院在1981年成立时，欧共体只有9个国家，希腊、西班牙、葡萄牙尚未加入。在成立的第一年，学院的对外联系与顾客一直很有限。然而，在今天，学院能够为其学员提供最新信息，这些学员不仅有来自欧盟成员国和申请加入欧盟的国家的官员，而且还包括其他国家的有关团体。总之，无论谁要了解欧洲和欧盟的情况，学院都能为其提供服务。

学院的发展主要分为三个阶段：

第一阶段：学院建立后的近10年内。在这一阶段，学院主要致力于确立和形成欧洲行政学院的办学观念与特色，即将学院建设成为一个以欧洲事务为基础的自治性机构，并在各成员国与欧盟委员会的支持下致力于为未来推进欧洲的一体化进程服务。这是一个创新性的观念，并以立法的形式得以强化，逐步被确立为学院的使命。

第二阶段：学院活动范围的扩展。对建立后的欧洲行政学院来说，不仅要让欧盟成员国及欧洲的机构知晓，而且还要使其他的利益团体了解，最终成为一个能够使自己所具有的专业技能、知识和能力适应市场需要的机构。

第三阶段：1997年之后。学院要在适应欧洲统一的趋势中以其在欧洲事务领域的优势，逐步成为一个促进欧洲一体化进程的重要咨询参谋机构。要适应这一需要，学院还要巩固与完善内部机构，充分发挥学院高素质工作人员队伍的作用。

（二）主要职能

欧洲行政学院是一个与欧洲事务密切相关的培训机构，在提供有关欧洲事务领域的信息、培训、研究和咨询等方面发挥着重要的作用。欧洲行政学院通过不断适应和增进欧洲的发展并把这些发展经验传播给其学员，来增进欧洲的一体化进程并促进整个欧洲文化的现代化。欧洲行政学院学员大都来自欧盟成员国以及申请加入欧盟的国家的重要公共官员。

根据有关规定，学院的目标是“为公务员和其他利益团体提供与欧盟公共管理相关的欧洲范围内的培训课程和收集与发展关于或与欧盟公共管理相关的知识”。学院通过开展欧洲范围内的培训、应用研究和咨询为欧洲一体化提供支持，并作为对在公共管理领域内的国家级和次国家级项目的补充。除了与欧盟各成员国开展活动外，欧洲行政学院还与一些对欧盟一体化过程感兴趣并参与其中的非成员国（挪威和瑞士）签订了合作协议；另外，还同成员国中的一些地方政府签订了合作协议（这些政府参与了学院在巴塞罗那分支机构的工作）。

学院的主要职能有培训、咨询与科研：

1. 培训

学院为公务员提供欧洲事务和公共管理等方面的培训，并提供上述领域的最新发展情况，讲解发展中遇到的挑战。

学院开设公开课和委托培训课程，并根据欧盟相关机构和国家政府的需求开展研讨会等活动。2012 年，学院开展了 589 次培训课程和研讨会等活动，近 15 000人参与其中，比 2011 年增加了 1 500 人，增长近 10%；这对于还处于经济危机的欧洲来说，情况已非常可观。

此外，学院还与其他欧洲著名院校联合开展硕士课程。

2. 咨询

欧洲行政学院为欧洲行政管理和机构在质量管理、公共部门绩效、组织和人力资源发展以及欧洲政策管理等方面提供咨询；并且在培训、执行深入的组织和业务分析、撰写报告和为各种议题提出重要建议方面提供解决方案。

3. 科研

欧洲行政学院的科研将理论与实践相结合，为学习欧洲的管理方式作出显著贡献。研究领域涉及有关欧洲一体化的重要议题和公共管理科学。一些研究还引起了科学界广泛的讨论。

二、治理结构

欧洲行政学院董事会是学院的最高决策机关，由来自欧盟各成员国政府和与欧盟签订合作协议的第三国代表组成。各成员国政府的代表由成员国任命，他们通常是负责公共服务和行政管理的高级公务员。现任董事会主席是比利时前任首相福斯达，副主席是皮尔·尼恩斯。

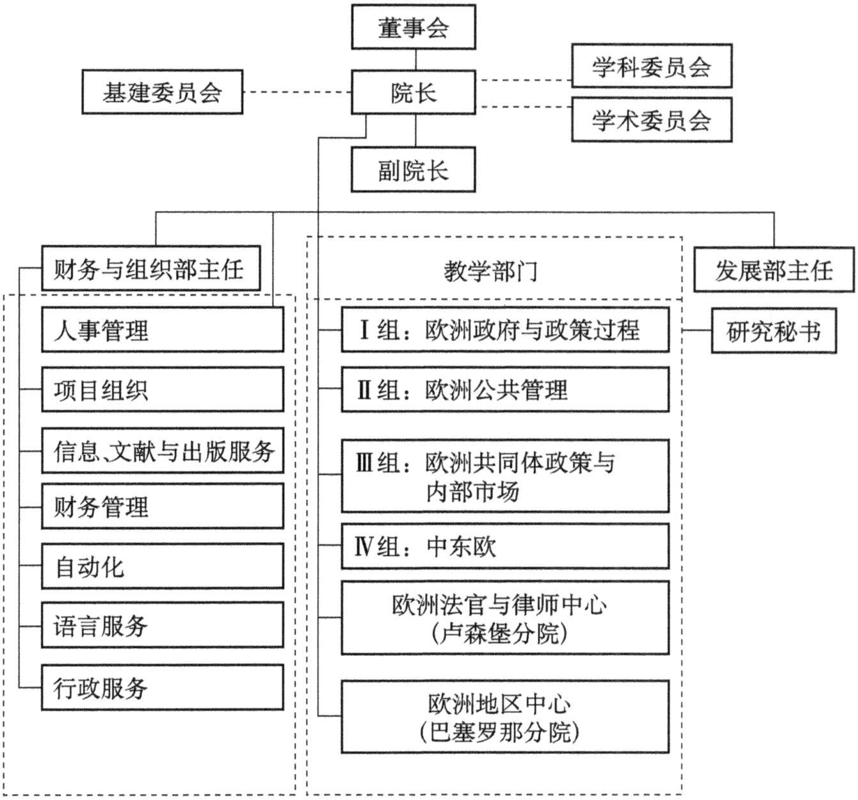

欧洲行政学院机构系统

欧洲行政学院有一个学科委员会，是专门为院长提供有关学科政策问题咨询的部门，由成员国的国家行政学院的院长与著名学者组成。政策制定与完善、代理和日常管理是院长的职责。现任院长是德国人马葛·普欧女士。

三、师资队伍

欧洲行政学院共有专职教职员 100 多人。专职教师来自欧盟成员国和准备加入欧盟的国家，这样既保证覆盖欧盟各国，又便于联系。科研队伍由专家学者、公务员和与学院有合作关系的欧盟国家的工作人员组成。实用的专业知识和对科学的卓越追求为欧洲一体化进程中对核心课题的研究和培训提供了强大的后盾。学院专职教师的选择涉及公共行政领域的主要学科，即政策科学、法律、公共行政与管理和经济学。其中一些学者，是从国家行政部门调派到学院的公共官员。1998 年以来，欧盟委员会还同意从委员会调派一些官员到学院。

除专职科研人员外，学院还有一个来自成员国和欧洲机构的多国和多学科的访问专家网络，该网络覆盖公共行政领域所有重要专题。

欧洲行政学院的科研队伍是由使用多种语言的行政职员给予支持的。

根据有关法律规定，学院内部的正式语言是英语和法语。不过，其他语言，特别是德语，在相关的活动中也可以使用。

四、经费情况

欧洲行政学院是一所由欧盟成员国国家行政部门及欧盟委员会资助和管理的国际性机构。1995 年，欧洲议会接受了欧洲行政学院的请求，在欧盟预算中为其提供专项资金，从而使欧洲行政学院获得了与欧洲大学研究院、欧洲学院的同等地位。欧洲行政学院是一个非营利机构，它接受每一个成员国的年度补助，并享受欧盟年度预算安排。一般情况下，欧盟预算占学院总经费的 30%左右，其他主要靠项目资助与开展公开服务的活动收入。

五、主要课程

学院开展的培训以短期班为主，多为 3 天至 1 个星期。个别长班为 1 年。学院开展的培训活动少数在学院总部，多数是在各成员国举行的。

（一）培训对象

欧洲行政学院开展的培训活动适应着各类对象的需要，这些对象从参与欧洲政策的制定与实施的公务员、法官和律师到欧洲及其国家或地区的政治家，从欧洲公共服务部门的专家到来自雇主与消费组织或工会的专家，各种各类。

（二）培训内容

学院开展的培训及研讨活动的内容相当广泛，除公共管理事务外，还有欧洲政策制定、欧盟法律、经济、金融、农业、外交、安全、避难、移民和地区发展等重要专题。

（三）课程设置

1. 公开课

学院每年开设约150堂公开课，通常在学院本部举行，这样有利于多个国家的专家和参与者进行交流。当然，如果学员有要求，公开课也可以在学院的分院举行。

2. 委托培训

委托培训课程由欧洲行政学院的专业师资队伍开发设计，以满足相关机构的特殊需求。

欧洲行政学院经常会根据欧盟机构的需求举办研讨会，对这些来自欧盟机构官员的培训占培训活动总数的20%。

除此之外，学院还会根据欧洲各个国家行政学院的需求开发课程活动。

2009年，与欧洲行政学院有委托培训协议的机构、团体和院校多达67个。

3. 硕士课程

学院与其他欧洲著名院校联合开展硕士课程。

（1）欧洲法律研究硕士（Master in European Legal Studies，缩写MELS）

该课程在欧洲法官和律师中心——欧洲行政学院卢森堡分院开设，学制两年。2010年起，该课程将面授和远程教学结合，形成了一门网络课程（MELS Online）。

课程主要目标：

一是为欧洲一体化进程中潜在的基本问题提供背景情况；二是为对欧洲法律广泛领域的研究提供先进的专业知识，使学员能够用实际的方法解决法律问题。

课程结构：

该课程学制两年。第一学年（M1），向学员介绍欧洲地缘政治和欧洲一体化进程的历史等方面的研究情况。第二学年（M2），考虑到欧盟核心法律的众多基础方面，学员将会学习到一些既有的欧盟的法律法规，例如：共同外交与安全政策，司法、自由和安全以及人权保护等方面的法律。这一学年课程的特点是欧盟法律在欧盟和国家层面的实际应用。

考试方法：

学员在每学期末都要参加考试，有些考试可能会被临时课程和在线考试所取代。修习完两年的硕士课程后要撰写硕士毕业论文，论文题目需经辅导员批准。

（2）欧洲公共事务硕士课程（Master's programme in European Public Affairs，缩写 EPA）

该课程由马斯特里赫特大学艺术和社会科学教研部的教师提供。欧洲行政学院负责该课程 6 个模块中的 2 个。

4. 网络课程

学院还提供了在欧盟机构、决策制定、政策、法律和欧盟发展近况等方面的 20 多种网络课程供学员选择。

（四）教学方式

培训的过程通常由案例分析、情景模拟（在欧洲发展过程中经历的）等教学方式构成。这种情况在协作委员会、轮值主席国和欧洲谈判等研讨会上较为常见。在卢森堡分院组织的与南锡的欧洲大学中心和萨洛尼卡的亚里士多德大学合作开展的欧洲法律研究方向的硕士学位研究生项目，也采用了这些教学方式。

不仅如此，欧洲行政学院还将把这两种教学方式引进即将开展的欧洲公共事务方向的硕士学位计划。这是与荷兰的马斯特里赫特大学联合开展的一个项目，该项目于 1999—2000 学年开学时启动。

以学员的练习和经验为中心的“行为训练”方式在学院尤其在高级官员组中得到了发展。学院的欧洲管理者项目为那些高级公务员更新有关欧盟事务管理的知识与技能提供了机会。

通过灵活性的（与其他国家同伴的直接接触来学习）和相互交流经验的方式进行培训，这在卡罗鲁斯项目中十分突出。该项目旨在促进内部市场立法制度的集中实施。同样，在避难与移民方面的项目中也主要采用了这种方式。

（五）课程特色

作为一个公务员培训机构，欧洲行政学院就如何办出特色——既不同于普通高校，又区别于一般的成人培训机构——作了积极的探讨。他们认为，行政学院开展的培训活动，应注重与实际工作需要相关的操作技能与创造性的培养。在培训的内容上，既有专门技能（如起草报告、政策制定、计算机操作、会议主持、谈判技巧等）也有专业方面的知识（如公共行政、法律、经济学、社会研究等）。除上述教学方式外，学院还十分重视学员在教学过程中的参与，重视学员的自学及学员之间相互交流经验。

六、研究与咨询

研究是欧洲行政学院工作的有机组成部分。为了保持与学院整个使命的一致性，研究应当是与政策相关的和应用性的。欧洲行政学院专职教师的研究活动紧密联系学院主要开展的培训工作，研究成果被直接应用于培训，以提高培训的质量。例如，在实施轮值主席国培训项目中开展了对不同轮值主席国特点的研究。对联盟立法实施的研究、对欧洲公共行政的比较研究及其他课题的研究的成果都被用于培训过程。

研究与咨询活动的设计都密切适应负责制定与执行欧洲政策的实际工作者现时和以后工作的需要。研究课题来自于现实的需求，研究成果也常常是有价值的改革意见或政策性建议从而被欧盟或其成员国政府采纳。从出版、科研选题到培训项目的设计，都要经过实例材料的准备、政策研究、政策执行的比较研究以及实施一体化能力的调查等环节。研究与咨询也在提出与众不同的论点、面对世界上最先进的地区一体化体制的新挑战并探讨迎接这些挑战的途径等方面，发挥着重要的智囊作用。

七、主要特点

根据有关规定，欧洲行政学院的特点主要表现在：欧洲特色，关注一体化问题，从事比较与多学科的研究和提供特殊培训方法。

（一）欧洲特色

从工作的管理、委托和范围上来看，欧洲行政学院是属于欧洲的机构。它注视着欧盟制度、政策和过程，以及成员国的相关机构及其政策发生的所有重要变化。说它属于整个欧洲，还表现在学院的专家、职工是来自欧盟所有成员国及其他有关国家。

（二）关注一体化问题

欧洲行政学院的核心作用不仅与欧洲一体化进程而且还与某些特殊需要直接相关，这些都涉及多层管理、国际协作与合作和国家政府与行政体系等问题。

（三）从事比较与多学科的研究

作为增进协作与合作的前提，欧洲行政学院对欧盟及其之外的各种行政制度的研究具有特殊的兴趣，目的在于增进对差异性的理解和探讨新的合作模式。这需要同时进行一些不同学科和领域的研究，为此，欧洲行政学院坚持组织来自法律、经济学、政策科学和组织与管理学科或领域的专家参与这些研究工作。为完成这项委托，学院必须充当理论与实践之间的桥梁，专职专家队伍就需要集资深学者与实践经验丰富的实际工作者为一体。

（四）提供特殊培训方法

学院培训项目的典型目标组由来自成员国行政部门或欧盟机构的高水平的政策制定者和高级公共官员（公务员、议员、法官等）组成。与这些专门的跨国学员在一起工作，需要采用恰当的高级培训方法，欧洲行政学院在专门的培训模式上具有独特的经验。这些培训模式主要有：在欧洲管理人员培训项目（the Euro-managers Programme）中采取的行为学习模式（action-learning）、在卡罗鲁斯项目（the Karolus Programme）中实行的官员国际交流模式，以及案例分析模式、角色扮演模式等。

八、信息、文献与主要出版物

欧洲行政学院的专业图书馆收藏了约 30 000 卷相关主题（如欧洲事务、公共行政与管理、政策科学、法律和经济学）的图书，还订阅了约 350 种期刊。该图书馆于 1990 年被给予“欧洲文献中心”的地位，其意义在于它接受所有英文和部分法文与德文版本的有关欧盟的官方文件。1994 年，图书馆又被给予“欧洲理事会指定出借政府出版物的图书馆”的地位。

欧洲行政学院图书馆利用最先进的计算机技术，能够提供在线和运用多媒体进入图书馆馆藏目录和所有欧盟数据库的路径。如欧洲法律国际全文本文件系统

(CELEX)、文献数据库包含190 000条关于欧盟政策的文件条目（SCADPLUS/SCAD)、每日中午两小时的布鲁塞尔总部新闻稿和背景知识介绍精选（RAPID)。图书馆还有计算机终端可供访问者在因特网上浏览。

图书馆还在每星期一到星期五的8：30～17：00对公众开放。

专业研究论文、研讨会记录汇编和工作报告都由欧洲行政学院出版和分发。研究报告由学院以“当今欧洲问题”为名连续出版。所有出版物可直接向学院订阅。所有近期或将要出版的图书的完整书目可直接向出版部门索取，或通过因特网的欧洲行政学院网址查询。

欧洲行政学院公报《欧洲行政学院视野》（EIPASCOPE）一年出版三期，内容包括英文与法文的主题广泛、与欧洲行政学院有关的论文，欧盟地区通讯，近几个月学院将进行的暂定活动项目。公报封底刊登的是欧洲行政学院近期将要出版的图书书目。《欧洲行政学院视野》可以直接向出版部门免费索取，也可以通过进入学院官方网站（http://www. eipa. nl）查询到所有已经出版的各期。

九、分支机构

1992年，欧洲行政学院在卢森堡建立了一个分院——欧洲法官与律师培训中心。该中心建在卢森堡的科尔斯堡高原，与欧盟法院和初审法院毗邻。它提供各种关于欧洲法的培训项目。这些项目由一支资深的法律专家队伍来实施，而这些专家正是欧洲行政学院广阔的内部与外部专家网的成员。

为增进区域性合作和保证欧盟成员国范围内的区域性共同体政策实施的一致性，1996年，欧洲行政学院在巴塞罗那建立分院，名为欧洲区域研究中心。该中心的主要目标是：为反映区域性问题及其在欧洲一体化中的作用提供论坛；促进欧盟成员国区域间的合作；开展有关区域性合作的研究与研讨并为促进区域间的合作建成一个区域性培训中心网络。

十、对外合作

（一）欧洲行政学院与欧盟

欧洲行政学院主要从事旨在增进对欧盟一体化进程和政策理解的项目，培养成员国公务员处理与欧盟一体化过程相关事务的行政能力，支持成员国之间在行政方面的合作与发展。在欧盟委员会的支持下，学院还为各成员国公职部部长非正式会议和两年一度的成员国行政学院院长会议提供秘书和印制工作文件。此外，学院还在促进各成员国行政学院合作开展培养公务员和法官处理有关欧盟事务能力的培训方面，发挥着积极的作用。在欧盟委员会的支持下，学院还曾在卢森堡分院组织了几次负责培训法官的智囊机构研讨会，探讨并提出有关于法律方面的建议。

欧洲行政学院常常代表欧洲机构（如欧盟委员会和欧洲议会）或应其要求组织研讨会。同样，欧洲行政学院还接受个别政府的要求，为其提供表达特殊需要的活动。轮值主席国项目（the Presidency Programme）就是这样一个按需开展活动的例子，该项目帮助欧盟轮值主席国培训国家行政部门的高级官员。

欧洲行政学院还为全欧盟及其以外国家的公务员、法官、律师和学者举办研讨班。欧洲谈判研讨班（the European Negotiations Seminar）就是一个突出的例子。这个研讨班使参加者得到与欧洲谈判相关的战略与战术的训练以及检验用来增进这种谈判行为有效性的方式。另外一个有趣的例子是为欧盟成员国的公务员举办的国家协作系列研讨班（the Series of Comitology Seminars），这些公务员以各种专家、协作委员会和律师工作组的方式参与联盟的政策过程，在这些组织中，他们各自代表着自己的政府。

最后，欧洲行政学院还致力于帮助地区及地方政府在欧盟中有效发挥功能，并使其能从有关的联盟政策中受益。在这方面，巴塞罗那的欧洲区域中心发挥着重要的影响作用。

（二）欧洲行政学院与欧盟各成员国行政学院

如前文所述，欧洲行政学院是一所跨国的公共行政培训机构，隶属于欧盟，是欧洲或欧盟的行政学院。它主要是直接为欧盟及其成员国服务，所以在工作上不仅与欧盟组织直接相关，而且与欧盟各成员国及欧洲其他国家也有诸多方面的联系。欧洲行政学院与欧盟各成员国的国家行政学院也有密切的关系。欧洲行政学院素有“网中之网”之称，其主要表现就在这两个方面。

欧盟现在的 28 个成员国，都有各自的培训公务员的机构，每个机构的性质、特点都存在差异。欧洲行政学院与欧盟各成员国行政学院的关系具体表现为：欧盟各成员国国家行政学院的院长都是欧洲行政学院学科委员会的成员；召集两年一度的成员国行政学院院长会议；在一些培训项目上，欧洲行政学院常常同有关国家的行政学院联合组织；欧洲行政学院也是各成员国行政学院联合开展活动的牵头者或组织者，如在各成员国轮流举办的每年与各成员国行政学院共同开展为期 4 周的欧洲管理者培训课程。此外，将开展的合作活动还有与各成员国行政学院合作举办培训者培训。为进一步加强合作，欧洲行政学院还将牵头成立一个由各成员国行政学院组成的公共行政培训与研究联合体。

（朱琳）

法国国家行政学院

一、机构概况

法国国家行政学院，简称ENA（埃纳），成立于1945年，直接隶属于总理府，是一所专门培养法国高级公务员的公共机构，同时也属于法国国民教育体系中高等专业学院（“大学校”）序列。

根据法国有关法律规定，进入高级公务员队伍前必须在该院接受培训。因此可以说，进入该院学习是进入法国高级公务员的唯一途径。60多年来，学院培养了6 500名法国政府高级公务员，并且法国两位总统、5位总理、众多部长以及几乎所有的省长均毕业于该院。该院被誉为法国高级公务员的摇篮。此外，学院还大量开展涉外培训。截至2012年年底，学院共培训来自127个国家的3 279名外国学员（不含短期研修生）。

二、治理结构

学院由法国公职总局代表总理府进行业务监管，院长由总统任命。

学院设有董事会，负责制定学院发展战略，并为学院管理提供意见建议。董事会法定主席由法国政府行政部门的最高级别公务员——国家行政法院副院长①担任，公职总局局长为法定成员。其他成员除学院院长和各部门负责人以外，包括来自政府主要部委的高级官员代表，来自国民议会、参议院、欧洲议会的知名人士、学生代表、员工代表和工会代表等。

学院设有一名院长，负责学院日常管理工作。院长以下设有5个部门，即培训部、实习部、国际关系部、欧洲事务部、总秘书处。2012年，正式在编人员

① 行政法院院长由政府总理兼任。

204 人（其中 148 人为公务员身份），另有临时工、钟点工 12 人。

三、经费来源

学院拥有自主财政权，主要经费靠中央政府财政拨款，此外也可通过参与国际项目或接受委托培训等其他方式获得收入。2012 年，学院总收入为 4 300 多万欧元，其中，中央政府财政拨款 3 000 多万欧元，占该院总收入的 78.5%。

四、师资队伍

学院只聘 1 名体育教师和 1 名语言教师作为常职教员，主要由兼职教师承担教学任务。学院拥有千人左右的教师和实习导师库，由来自政府部门或公共机构具有丰富实践经验的学者型高级官员及来自大专院校的著名学者组成。

五、主要培训课程

按培训需求划分，学院开设的培训课程可分为 5 大类，分别是：高级公务员后备干部初任培训，法定培训，菜单式知识更新与进修培训，涉外培训，硕士学位课程。

1. 高级公务员后备干部初任培训

该培训班于 1945 年建院时设立，是学院最负盛名的常设主体班次。目前每年约培训 80 名法国学员、30 名外国学员。学员从被录取时起便自动成为见习公务员，如原来已具公务员身份则被置于调职状态。在校期间由中央政府支付工资，并须遵守公务员义务。毕业后直接进入高级公务员队伍，并须至少为国家服务 10 年。

（1）招生对象。该培训班次设立之初，鉴于当时法国公务员素质普遍不高，其招生对象仅面对大学毕业生。随着社会的发展，为体现高级公务员准入渠道的大众化，该班次的招生对象范围扩大，目前主要分为三类：第一类是大学毕业生，第二类是在职公务员或公共部门职员（拥有 4 年以上职业经验，年龄 40 岁以下，无学历要求），第三类是民选议员和私营部门工作人员（拥有 8 年以上民选议员任期或私营部门工作经历，年龄 45 岁以下，无学历要求）。

（2）招生方式。采取竞考方式，择优录取。为充分体现公平，根据上述生源类别的不同，分为三类竞考，分别是外部竞考（面对大学毕业生）、内部竞考（面对现职公务员或公共部门职员）、第三类竞考（面对民选议员和私营部门工作人员）。

无论何类竞考，均由笔试和面试组成。笔试以考核考生运用丰富的知识分析和解决问题的实际能力为主，面试则检验考生是否具有较好的心理素质和随机应变的能力。考试评审为匿名形式，由一个专门的评审团实施。评审团由行政学院、人事、司法、审计部门的高级官员和公共部门的高级职员及大专院校的教授组成。

该班次每年招生的法国学生总名额约 80 名，按一定比例分配至各类竞考。其中外部竞考的可录取名额占总名额的 80%，外部竞考和第三类竞考的份额分别为 10%。

（3）教学组织方式。为随时适应政府面临的新变化、新挑战，初任培训的教学组织安排历经演变。目前，该班次学制由两年半缩短为两年，采取理论学习与实习相结合的方式，理论学习与实习各占一半学时，并交替进行，即一个模块的理论学习结束后，再进行相应实习。

合班教学也是该班次教学组织的一大特色。根据模块内容的不同，与其他班次包括其他学校的学员混班上课。例如，在学习欧洲事务时，该班次学员会与学院国际长期班的外国学员一同上课、研讨，完成所有学习任务；在学习地方行政管理时，会与地方行政研究学院的有关班次共同上课。

（4）教学内容。理论学习的目标是培养学员的三种能力，即沟通能力、谈判能力、独立或团队形式的实际操作能力。其教学内容覆盖 8 个基础领域：一是法律推理与写作；二是经济推理与决策；三是财政预算分析与管理；四是中央与地方层次公共权力的角色与行动方式；五是欧盟及国际工作重点及程序；六是公共机构管理；七是社会对话；八是公共政策制定。

在具体设置上，理论学习分为三个模块。

一是欧洲事务。该模块旨在使学员深入了解欧盟情况，并为今后在欧盟框架内开展工作打好基础。课程主要包括欧盟基本政策的制定和实施、决策机制、欧盟机构与各成员国的关系，还包括各成员国政府间合作、部际协商程序及与法国行政部门的联络等。

二是地方行政管理。该模块旨在让学员深入了解和学习法国地方行政管理的方法和操作程序。课程同时包含国家行政管理和地方议会政府行政管理的内容，因为国家的权力下放政策已使国家和地方的议会及政府根据各自的职责行使行政管理的权力，地方政府也已承担了公共服务管理和实施国家政策的重要角色。

三是公共管理。该模块旨在提高学员的职业技术能力和业务素质，让他们成为善于领导团队和推进项目的优秀管理者。课程主要内容包括团队管理、项目管理、管理控制和评估等。

对应上述模块，实习单位包括欧盟机构、驻外使馆、地方自治政府、中央派驻省政府或私营企业，其目的是培养学生成为善于在公共行动的所有领域指导团队和复杂项目的现场专家。

（5）教学方式。以案例教学、情景模拟、角色扮演等互动式教学为主，辅以知识类的系列讲座为学员补充学科知识。

法国国立行政学院的课堂教学与一般院校不同，教室大都是专门为小班而设计的，每班 10 至 15 人，课桌通常摆成圆形或方形，教师不是在学生前面，而是在学员中间授课；在教学方法上，打破了“一言堂”的教学法，广泛运用案例分析、模拟训练、角色扮演、专题研讨、社会调查、参观访问，等等。并且一门课程或一个专题通常是多种教学法并用，如高级官员培训班中的“欧洲问题”专题，既有从法学角度对欧共体立法、司法情况进行介绍和研究；又有到斯特拉斯堡、卢森堡和布鲁塞尔实地考察欧共体组织；还有围绕欧共体急需解决而又十分棘手的问题，以案例教学为主，分组研究案例，进行课堂辩论；最后还要起草一份诉讼报告或一份战略建议书作为学习的成果。这种以学员参与为主、多种形式并用的培训，对于提高学员的综合素质和能力是十分有效的。还有一些培训内容则直接采用现场训练方法进行，如“省长如何面对新闻记者”这一教学专题，安排在模拟电视演播室进行，教师由高级新闻记者担任，省长逐个回答“记者”提出的各种“难题”。整个教学过程进行了现场录像，然后播放录像，由学员和教师共同评判。经过这样的实践训练，省长应对新闻界的水平大大提高了。

其中案例教学是学院的一大特色。案例来自政府各部门目前正在处理中的实际工作，案例讲解教师即是负责该项工作的高级公务员。学员通常在课前两周左右拿到案例卷宗，并在课前完成书面的解决方案报告交给讲课教师，再由教师课堂分析，并讲解实际处理情况。这种“传帮带”式的教学，使学院的教学紧密贴近政府，同时也发挥了学员参与政府实际工作的作用，突出了学院的“应用型”特质，达到了培养学生“善于交流、善于沟通、善于实际操作”三项能力的目的。

（6）就业及职业发展。学员毕业时，由公职总局提供相应数量职位空缺。学员按学习成绩排名先后，选择他们的工作职系。一般而言，学员可进入 11 个涉及政府核心职能的高级行政官员职系任职，按照职能分类分别是：

● 公共政策设计。包括中央政府高级民事官员职系（中央各部委综合行政岗位）和巴黎市政府行政官员职系。可担任的具体职务或岗位多种多样，大多为相当于处级和副处一级的官员。

● 公共行动监督与监察。学生毕业即可进入中央政府三大监察总署担任副监察员，分别是隶属经济财政部的财政稽查总署、隶属内政部的行政监察总署和隶属社会事务部的社会事务监察总署。

● 行政与审计司法。包括国家行政法院助理审查官、行政上诉法院及行政法庭法官、国家审计法院助理审查官、大区审计法庭审计法官。

● 中央政府驻大区和省的代表。毕业生可作为中央政府在大区和省级行政区的代表担任省长办公厅主任或专区区长。

● 中央政府驻外国代表。毕业生可进入外交部外交参赞职系，派驻国外使领馆工作。

学员在第一个工作单位须服务至少 2 年，然后将经历至少 2 年的“身份流动”，即轮岗阶段。他们可选择另一个岗位，或是进入企业、国际组织及欧盟机构工作。这种工作轮岗是强制性的，而且时间可以延长。

2. *法定培训*

主要有两类班次：

一是高级民事行政官员进修班。每年培训约 45 人，对象为通过外部任命即将任职民事高级行政官员职系的有经验、有能力的公务员（如教师、学校和大学的行政顾问等）。学制 7 个月，由 2 个月的实习与 5 个月的课堂教学组成。教学内容主要由以下单元组成：

● 热身课程；

● 系列调研会，学员以小组为单位就某一现实问题向公共权力部门提供咨询意见；

● 综合教学单元，包括：欧洲事务、国家现代化与公共管理工具、地方行政与公共政策、法国与全球事务等；

● 主题教学单元，包括：社会、经济、公共项目管理、公文写作、电脑应用等；

● 系列大型时政讲座，邀请法国或外国一线人士主讲。

二是军官转高级民事官员转岗任职培训班。每年培训约 10 人，对象为根据有关法律规定即将转任高级民事官员或专区区长的高级军官。学制 2 个月，由 5 个教学单元和 20 天的实习组成。教学内容主要包括：国家与地方改革、欧洲事务、经济与公共财政、公共管理、管理能力拓展。

3. 菜单式知识更新与进修培训

该培训时间长短不一、对象广泛。主要分为三类：

一是菜单式专题培训班。培训对象为公共部门和私营部门的领导人员。培训内容分为 12 个专题，围绕两个轴心目标设计：第一，开发学员的潜能。设有 4 个专题，分别为：管理、领导力、战略和绩效、谈判和沟通。第二，帮助学员了解自己面对的环境。设有 8 个专题，分别为：法国法律现状和制度，社会辩论和公共政策，世界经济、金融规制和公共财政，国际重大问题，欧洲治理，公职部门变革，欧盟政策，地方行政管理。

二是议会工作人员进修班。每年招收 30 名学员，对象为法国国民议会、参议院、欧洲议会的议员助理。学制 6 个月，每周一授课 1 天，上下午各一堂课，由在职高级公务员授课。教学内容主要包括：公共机构的演变、财政绩效法与公共财政现代化、地方行政、欧洲事务、行政举措的现代化。

三是欧洲事务培训。学院专门针对欧洲事务提供内容丰富的系列培训。其中最典型的是欧洲事务高级研究班。该培训班是根据法国总理决定设立的，于 2007 年正式启动，培训对象广泛，包括高级公务员、民选议员、企业高管、社团组织领导、记者等。学制 10 个月，总体授课时间为 35 天，每个教学模块 3 至 5 天。

4. 涉外培训

涉外培训是该院的一大强项。除按需提供定制的短期培训外，学院常设的培训班次主要有三类。

一是国际长期班，针对外国年轻公务员或公职人员，也有极少部分是有志于进入原籍国公职部门任职的大学生。学制 16 个月，采取理论学习与实习（8 个月）相结合的方式。理论学习内容包括两个模块，分别是欧洲事务和地方行政管理。

二是国际短期进修班，针对具有至少 5 年工作经验并担任一定领导职务的外国高级公务员或公职人员，旨在帮助学员深入了解法国及欧洲。学制 8 个月，采取理论学习与实习（2 个月）相结合的方式。理论学习内容包括当代法国、法国行政、国际关系、欧洲问题、国际问题及法国在世界中的地位、公共管理、高级官员的角色与责任、人力资源管理、政府现代化及公共行动与管理工具、区域行政与公共政策、经济与财政问题等。

三是公共管理国际专题班，主要针对担任重要领导职务的外国公务员、国有企业管理人员或国际组织工作人员。学制 2 至 4 周不等，其宗旨是为资深领导人员在某一特定领域的职业能力发展提供强化、深入培训。该类班次涉及主题广泛，包括议会工作组织、政府预算编制与执行、公共管理评估与监督、公职部门的管理与人力资源管理、国际谈判、人权保护、法国或国际时事演变、公共管理新理念的发展以及由政府改革进程所衍生的重大挑战相关的各种问题等。

5. 硕士学位课程

学院还与法国或欧洲的其他高等专业学院、教育机构或综合大学合作，提供专业硕士文凭。其中，最主要的有：

（1）“欧洲治理与管理”硕士课程。该课程与德国联邦行政学院、德国柏林洪堡大学合作，由德国波茨坦大学和法国巴黎第一大学颁发文凭。该项目每年招收 15 名左右法国、德国或欧盟公职人员。课程教学由法德两国大学学者和高级官员承担，其特色是优先探讨公共政策问题并注重采用比较方法，旨在传授在欧洲合作及国际合作框架内的现代治理方法。

（2）“地方政府风险预防和管理”硕士课程。该课程是一项获得法国高等专业学院会议（CGE）认证的授文凭教育课程，由法国国家行政学院与法国信息处理科学国际学院（EISTI）合作颁发。目标是培养善于理解并管理各种区域性风险的“风险管理者”。

（3）“公共管理”硕士课程。该课程与多菲纳巴黎第九大学合作设立，旨在培养能领导公共部门行政现代化进程的管理人员。

（周洁）

德国联邦公共行政学院

一、机构概况

（一）机构简史

1969 年 6 月 11 日，联邦内阁决定成立联邦公共行政学院（Die Bundesakademie für öffentliche Verwaltung，简称 BaköV，英文译名为 Federal Academy of Public Administration）。同年 8 月 28 日，该学院正式成立，总部设在波恩的巴特-戈德斯堡。当时虽然规定，机构暂时隶属于联邦内政部，但隶属关系一直维持至今未变。1987 年夏，学院又在波帕德（Boppard）增加了一栋教学楼并投入使用。1998 年，学院总部搬迁至位于莱茵兰地区布吕尔（Brühl）的联邦公共行政高等专科学院内，与该专科学院共享教学资源。2008 年在首都柏林设立了 3 个教学部，使教学部门从 5 个增加到 8 个。

（二）主要职能

联邦公共行政学院是为德国联邦行政机构中的公务员和职员提供进修的中心培训机构，这意味着除此以外还有联邦的其他培训机构，都是针对各自不同的专业范围。例如，隶属于联邦财政部的联邦财税培训机构，还有关于军事、外交等专门的培训机构。但联邦公共行政学院的培训是跨部门的，包括预算、人事、新技术的应用等。其职能是与行政部门、私营部门、经济界和学术界紧密合作，为联邦行政的工作人员提供高水平的贴近实践的培训。

二、治理结构

学院包括 1 名院长、6 个教学部门、1 个顾问委员会和 1 个学术委员会。现任院长为亚历山大·艾福阁博士。

1. 教学部门

6 个教学部门具体分工如下：

第一部门：综合和协调；

第二部门：一般的专业进修、晋升培训；

第三部门：欧盟事务培训；

第四部门：领导和行为培训、人力资源开发；

第五部门：计算机技术培训、新媒体技术；

第六部门：跨部门协调。

第一、第六部门主要负责行政政策研究和跨部门事务的协调；第二至第五部门主要负责开展培训活动、开发项目以及开展和评估研讨会。

2. 顾问委员会（the Advisory Board）

顾问委员会由德国几个部的综合司司长、不同学科的教授、州行政机关和地方的代表组成，还有一个企业界的代表。目前顾问委员会有 9 名常务委员和 5 名非常务委员。非常务委员由内政部任命，任期 3 年，可以连任。学术界和行政部门的代表主要是为了保证最新的行政科学和管理方法与行政实践相结合。

学院根据顾问委员会专家的建议起草和执行年度项目。顾问委员会的任务是帮助学院制订每年的培训计划，包括培训内容和培训重点。每年开 1 次会，1 次半天。

3. 学术委员会（the Scientific Committee）

学术委员会的成员由顾问委员会中的部分成员组成，目前有 7 名成员，2 名常务委员和 5 名非常务委员。主要由教授，还有州行政和联邦行政的代表组成。主任由教授担任。

学术委员会不仅就培训计划和年度报告提供咨询意见，而且也包括今后几年的培训方向。

学术委员会每年召开两次会议。一次与顾问委员会会议安排在同一天，但上下午错开，以便互相协调；另外一次是全天的会议。

三、师资队伍

学院有 50 个员工，包括公务员和职员，大部分为公务员。员工中的 25％为中级人员，没有上过大学，但受过职业教育，有职业资格证书；32％是次高级人员，有大学本科学历；43％是高级人员，有硕士学位或硕士以上学位。

50 个员工中有 40 个在本部工作，10 个在柏林的分部工作。波帕德没有员工，只有培训设施。

学院没有专职的教师，只聘兼职教师。联邦公共行政学院与行政机关、经济界和学术界保持了紧密的合作关系。所有课程都聘请相关领域的专家；因为这些人熟悉本行业的情况，采用这种教学方法，可以保证学员学习到新的知识。学院职员主要是负责拟订教学计划，组织培训和实施教学工作。2008 年共聘请了 304 名教师到学院讲课，其中 140 人来自公共行政部门和法院，20 人来自大学，144 人为自由职业者。

官员来讲课是自愿的，没有义务，一般是安排半天的课。退休高级官员也可以来讲课，但通常是退休 2 到 4 年内的官员，否则不合适教学，因为他们已经远离实践。到目前为止，尚没有部长级高官来讲过课。有部分司局级官员应邀来给学员讲课，但他们通常都放弃应得的报酬。

四、经费情况和基础设施

（一）预算和资金来源

学院申请预算的行政程序为：先由学院提出预算计划，然后交内政部、财政部到联邦政府内阁审查，最后由议会讨论通过。如果要增加预算，多数情况下不会完全通过，有时候甚至会削减预算。

2009 年，联邦行政用于培训方面的预算支出为 366 万欧元，不包括人员开支和基础设施费用。大部分支出是为了支付教师的报酬、学员的交通费和住宿费。

委托培训班不从联邦公共行政学院的经费中开支，而是由相关机构从自有资金中支付。从这个意义上来说，学院的培训资金来源是混合型的。委托培训的机构可以自行决定以何种方式为自己的员工提供培训，既可以通过公共行政学院也可以通过其他机构，甚至自己聘请教师来培训或者委托私人培训机构来培训。

（二）基础设施及其管理

布吕尔总部的大楼是联邦行政高等专科学院所有，联邦公共行政学院在这儿相当于宾客，所有的后勤从食堂到宿舍、车辆等都由高专负责，但学院无须给高专付费。

位于波帕德的教学楼原来是修道院，之后曾经是一所小学，1987 年归学院所有。那里的食堂、宿舍和保洁交由一个私人公司管理，学院向这个公司支付管理服务费。

位于柏林的宿舍楼不是学院自己的资产，而是属于另外一个联邦行政机构，但学院可以免费使用。

柏林还有一个培训地点，是原东德用于接待外国贵宾的一个宾馆，很小，只能举办一个 20 人左右的班次，主要培训高级公务员。

为了贴近有培训需求的机构，节省参加培训者的交通成本，在汉诺威、威斯巴登、慕尼黑三地也可以提供培训，但班次很少，遇有培训班时由当地合作伙伴负责管理。作为补偿，这 3 家合作伙伴每年可以得到一期免费的培训。

此外，如果某个偏远地区需要培训，从经济角度考虑，学院也可以提供上门培训。

在联邦公共行政学院可支配的教学设施中，有很多包括大小不同的教室，最小的只有 6 个座位，最大的能容纳 650 人。所有的教室都配备了最现代的技术设施。教学设施的具体数量和分布见表 1。

表 1　联邦公共行政学院教学设施表

地点	教学用房		可容纳人数
	学员宿舍	教室数量	
布吕尔（所有设施与联邦公共行政高等专科学院共享）	1 个大礼堂	650	4 幢宿舍楼，共 669 间客房
	1 个阶梯大教室	120	
	1 个大教室	60	
	1 个会议室	40	
	32 个研讨室，其中 7 个为可分隔式，用于小组讨论	30	
	6 个计算机室	8～18	
柏林约翰尼斯塔尔	3 个研讨室	18～30	100 间客房
	5 个小组讨论室	6～14	
则于腾	1 个研讨室	30	19 间客房
	2 个小组讨论室	6～12	
波帕尔德	1 个礼堂	150～200	71 间客房，其中有 10 间可根据需要作双人间使用
	7 个教室	10～70	

五、主要课程

学院的培训班次大体可以分为两类：一类是主体班次，另一类是委托班次。培训时间一般为 1 至 5 天。

所谓主体班次即所有的或者特定范围的联邦行政机构人员可以自由报名，并不事先定向分配名额。一般每个班的规模控制在 16 到 18 人，但往往报名人数远远超过实际招生人数。学院需要在报名的学员中进行筛选，如果某个机构报了 3 个人，通常只能选第 1 个，或者按机构的大小来分配名额。

委托班次是受委托为某个或几个机构联合举办的培训班次。

（一）总体情况

2008 年学院共举办了 1 809 个培训班次，其中 678 个为主体班次的培训，面向全联邦范围或者特定地区。主体班次中有 241 个班次安排在布吕尔总部，197 个班次安排在首都柏林，199 个班次安排在波帕德。委托培训有 1 131 个班次。

2006 年参加培训的有 17 120 人次，2007 年猛增到 26 000 人次。2008 年回落到 21 171 人次。2008 年参加培训的学员中，女性占 52%。从职位来看，50% 的学员为高级职位，19.3% 为次高级职位，30.4% 为中级职位，0.3% 为简单职位。

在过去几年中，联邦公共行政学院提供的很多课程报名人数远远超过招生人数，有的甚至超过 50%（见表 2）。

表 2　2008 年部分专题招生情况

课程	报名人数	招生数	招生比例
公共招标制度概要	265	98	36%
公共服务业劳资合同的实际应用	189	76	40%
项目管理	170	70	41%
劳动组织、时间管理、克服紧张工作	566	246	44%
领导力系列讲座	931	429	46%

联邦公共行政学院将在人力和财力方面考虑到以上情况，在今后几年中针对招生比例偏低的课程增加班次设置。

2008 年，支持国家行政的现代化仍然是联邦公共行政学院的重要工作。具体来说就是，2006 年 9 月联邦政府制订了“创新以未来为导向的行政”计划

（包括“电子政务计划2.0”），2007年10月联邦政府和德国工会联合会以及公务员联合会与劳资联盟签订了现代化和培训协议《为了联邦行政的创新，培训和开发领导力》，联邦公共行政学院为落实上述计划做了很多工作。

（二）培训对象

根据德国公务员法的规定，在德国政府工作的公务员分为四个职等。

1. 高级官员职等

大学毕业经过2年培训后进入工作岗位的公务员，他们将作为政府高级官员培养使用。各级领导人如部委里的处长、分管司长、国务秘书或各执行机构的领导人，都是由该职等的公务员担任。

2. 上级公务员职等

高中毕业后，在部门实习工作3年，并接受在职培训。20世纪70年代各州成立高等专业学校，1979年联邦政府又成立行政专业高校后，高中毕业生愿为国家公务系统服务的人，都必须到专业高校培训3年，经考试合格后方能上岗。主要从事行政事务的专业工作。

3. 中级公务员职等

必须拥有10年制中学毕业证书，自愿申请到政府机关工作，经专业学校培训2年后，合格上岗。主要从事的是档案、会计等辅助性工作，是上级公务员的助手。

4. 初级公务员职等

必须拥有义务制教育普通中学毕业证书，做过几年行政事务性的工作或其他工作，不用很长时间进行培训，如邮递员等等。

联邦公共行政学院主要负责在职高级官员职等和上级公务员职等的培训与进修工作。学院的宗旨是提高公务员本身的素质；提高各部门的行政管理绩效。学员来学院进修、学习，必须经主管机关同意。学院在每年招生前，都会与联邦政府各个部门联系，了解需求（主要是参训内容和人数），然后编制发行约30万字、共500页左右的详尽的年度课程计划与安排，集中安排需求量大的专题和课程，给每个部门一定的名额，派什么人参训则由派遣单位决定。学院有建议权，但不涉及具体人员的选定。

（三）一般性的业务进修

由于工作任务的不断变化以及人员的经常变动，业务进修在提高联邦行政的人员素质以及增强业务能力方面具有特别重要的意义。从内容上来说，所谓的“核心职能”（预算、人事、组织机构）是培训的重点。此外，法律与行政以及媒体与公关工作也占很大的比重。培训师和教师这一目标群体对教学法的课程越来越注重。

表 3　2008 年一般性业务培训班次一览表

专题内容	培训班次	
	主体班次	委托班次
特殊专业领域	8	17
进修问题	11	0
预算	32	54
教学法	21	49
组织机构	26	53
人事管理	33	29
媒体与公关工作	9	45
法律与行政	17	17
总计（次）	157	264

2008 年一共有 6 860 人次参加了一般性业务进修课程。男女性别比例分别为 43％和 57％。71％的学员为高级职位，13.4％的学员为次高级职位，15.4％的学员为中级职位，简单职位的学员仅占 0.2％。

特殊专业领域的重点是预防和消除腐败。不论是主体班次还是委托培训课程的报名人数很多。

预算方面的培训需求最高。有些班次是派教师上门进行培训的。有一个题为“招标的可持续性”的委托培训班次已经成为联邦公共行政学院的标准课程计划。

联邦政府的培训规划以及增加培训岗位的努力使教学法课程日益受到培训师们的热捧。

在组织机构课程方面，为领导岗位的人员举办了战略性组织过程研讨班。讲授的内容是要使参加培训的学员将横向的核心过程与机关的结构、战略、理念和文化结合起来，并将其进行完善。经济性的行政行为（成本控制、项目管理、质量管理、性价比核算）研讨班在主体班次和委托培训班次中都很受欢迎。

在人事管理方面，讲授公共服务领域的新工资法是培训的特别重点。过去几年中设计和举办的关于人事管理辅助领域的经验交流会广受好评，很成功。此外，联邦公共行政学院还给人事代表们举办了一次大型的培训活动。举办了每两年一届的“布吕尔平等大会”，主题为“职业和家庭兼顾是联邦行政面向未来的成功因素”，大会结合行政和经济界的实例给与会的250多名代表介绍了法律和政策框架。

（四）信息技术培训

信息技术培训的目的在于提高联邦行政工作人员应用信息技术的能力，拓宽其工作视野。学会这些关键技能就意味着能够使用新技术，并且能快速适应变化着的新要求。

2008年共有1 775人参加了信息技术培训，男女性别比例分别为64%和36%。学员中的12%为高级职位，70.9%为次高级职位，17.1%为中级职位，0.2%为简单职位。

培训的重点是电子政府2.0版、信息技术服务管理、文件管理、信息技术招标程序、信息技术项目的经济性、无障碍办公、信息技术安全（主要是IT安全专员的Ⅰ级证书和新推出的Ⅱ级证书）以及信息技术项目管理（从2009年起也颁发结业证书）。还有面向领导干部的信息技术进修、在互联网上如何查阅法律文档、电子课件制作等内容。

（五）欧洲和国际事务培训

欧洲和国际范围的合作已经越来越重要了。过去几年中，出现在德国的法律文件中只有16%是柏林颁布的，高达84%的法律文件是布鲁塞尔的欧盟颁布的。行政现代化和行政改革已经成为世界性的议题。在全球化背景下，国际经验交流具有日益重要的地位。因此，给公共行政的从业人员提供欧盟和国际事务培训已变得越发重要。

表4　2008年欧洲和国际事务培训班次一览表

主题	培训班次	
	主体班次	委托班次
欧洲事务	70	7
国际事务	16	0
总计（次）	86	7

2008年共有670人参加培训，女性占52%，男性占48%。学员中的49%为高级职位、35.7%为次高级职位、15.3%为中级职位。

1. 欧盟职业能力培训

为了适应欧盟不断增加在欧盟工作任务方面的培训需求，联邦公共行政学院有针对性地提供了相关培训措施，既有国内课程，也有双边或多边课程。主要专题有：关于欧盟机构和工作程序的知识，欧盟谈判能力，跨文化交流能力。

欧盟谈判能力的培训班采用案例教学法，根据实际发生的决策情形进行谈判模拟，使学员们具备在复杂的决策过程中积极施加影响的能力。从 2008 年夏天开始，与联邦语言局合作，用英语模拟谈判。

除了专门为德国公共服务人员提供的培训课程外，学院在双边合作基础上专门为国外学员提供了以下的培训活动：

（1）根据由德国、英国、法国、葡萄牙、西班牙、奥地利和意大利培训机构实施的所谓“欧洲互惠培训计划”，德国的公共服务人员在伙伴国参加了培训活动。在培训班举办国学习该国的政府和行政体制及欧洲政策，并有机会与相关机构进行面对面的经验交流；

（2）根据德法合作框架，由德国公务员讲授“法国在欧盟的作用及其为 2008 年担任主席轮值国所做的准备”，而法国内政部的官员则在德国介绍有关德国的国家和行政组织结构；

（3）在法国国家行政学院（ENA）举办了几个专题研讨会；

（4）为欧盟委员会的工作人员举办了一期题为“德国的国家、社会和经济”的研讨班；

（5）接收行政实习生，主要是奥地利的实习生以及 12 名波兰国家公共行政学院（KSAP）的毕业生，以促进欧洲各国之间的相互了解。根据实习生的意愿，安排他们到不同的部门实习。

2. 国际合作

国际事务方面的培训内容为国际法基础知识和国际政治形势、国际行动中的结构和机构、行为模式和决策程序以及跨文化交流能力的培养。

在“全球化对行政的挑战”系列活动中，联邦公共行政学院在 2008 年与德国施拜尔公共行政大学联合举办了一期研讨会，与越南的学者和部委官员就行政改革进行了研讨。根据与韩国内政部和首尔大学达成的协议，每年轮流在柏林和首尔举办一次研讨会。

参与德法合作的 MEGA 学位（Master of European Governance and Administration）教育的管理工作。联邦公共行政学院并不开展学历教育，但负责德国学员的招生和管理工作。

3. 咨询与行政协助

联邦公共行政学院参与了联邦移民局和土耳其于 2008 年 3 月开始的合作项

目。项目旨在帮助土耳其建立新的难民管理局。学院的任务是做需求分析，并培训土耳其新机构的工作人员。

2008年，学院加强了对前南斯拉夫国家（欧盟成员国斯洛文尼亚除外）和阿尔巴尼亚的行政协助。为此，为参与起草科索沃新公务员法的科索沃官员们举办了一期有关公务员法的研讨班。此外，与欧盟资助下的地区性公共行政学院（RESPA）和经合组织（OECD）合作，为该地区举办了一次为期两周的立法研讨班。

同时，学院加强了与德国其他从事行政协助工作的机构的合作，使学院能够在有限的预算范围内发挥更好的协调作用。为了促进与土耳其内政部和司法部的合作，2008年又在安卡拉为土耳其公务员举办了两期研讨班。

（六）领导力/行为能力培训

领导力培训主要是指对管理能力的培训，其核心内容包括对员工的领导、性别主流化（Gender Mainstreaming）、健康管理、资源管理责任、对自身组织单位的掌控以及对工作程序的变革等。目标协议、绩效评估和员工对话等现代人力资源管理手段已经屡见不鲜。

沟通和协作以及自我发展方面的课程计划一直很受欢迎，特别是劳动组织、时间管理、沟通、冲突管理和预防紧张状态等主题。

2008年共有115 453名学员参加了领导和行为能力培训活动。其中女性占52%，男性占48%。20.9%为高级职位，35.7%为次高级职位，43%为中级职位，0.4%为简单职位。

（蔡和平）

德国施拜尔公共行政大学

一、机构概况

（一）机构简史

德国施拜尔公共行政大学直译名称为施拜尔德国行政科学大学（Deutsche Universität für Verwaltungswissenschaften Speyer，缩写为 DHV Speyer，英文译名为 German University of Administrative Sciences Speyer）。它位于德国西南部巴登-符腾堡州的施拜尔城，其前身是州一级的行政学院，最初于 1947 年为法国占领区当局成立，1950 年通过德国当地政府立法成为一所公共法律研究院。1952 年根据一项特别协定，该学院由联邦和州两级政府联办。两德统一后，前东德地区的 5 个州也加入了此协定。1997 年 12 月，学院正式更名为“德国施拜尔公共行政大学”。

（二）主要职能

该学院是德国行政科学研究中心，致力于国内外对公共管理及私有和公共部门之间联系的研究。它与位于学院内的行政管理研究所保持着战略性伙伴关系。其作为一所高级行政科学研究培训机构，有三大职能：

1. 研究生教育：包括对政府部门法律和经济专业人员在参加第二次国家考试前的培训。学院有资格授予硕士、博士学位和教授职位。

2. 在职培训：对象主要是高级公务员。

3. 科研：科研集中在法学、经济学、国际社会问题、联邦和地方政府的管理等领域。学院组成系“德国校长联合会”的成员。

二、经费情况

施拜尔公共行政大学由联邦政府和州共同出资办学，学院经费 97％来自各联邦州，3%来自联邦政府。

三、师资队伍和教学规模

施拜尔公共行政大学的院长由教授担任，经选举产生，任期两年。教师分专职和兼职，员工总数约 250 人。专职教师实行教授席位制，类似项目式教研室制，即由具有正式职位的教授作为主持人，配以助手，侧重某一学科的课程。学院教授席位共有 17 个，学科范围包括公法、行政学、经济学、现代历史、社会学、政治学等。另外，学院从院外聘请高级公务员、法官、企业经理等作为兼职教师，约 100 人，请他们讲授应用行政的经验。理论与实际应用紧密结合，不仅对教学非常有帮助，还促进了学院众多科研项目的实施。

学院在校生数量约 350 人，其中 80%为法学进修生，20%为硕士生或博士生，学位教育的学生中有 9%为外国留学生。

四、主要课程

（一）大学高等教育

1. 三个月的专修课程

此一课程类似初级公务员上岗前的任职培训，修习时间为每年 5 月 1 日—7 月 31 日或 11 月 1 日—次年 1 月 31 日，为期 3 个月。学员主要由两部分组成：政府培训机构选派的年轻公务员和有志于从事公共行政管理的年轻人。这个班不考试，因此不授学位，但发结业证书。学员必须每周至少修习 20 课时，且需要在某一个行政科学学习小组和研讨会中获得相应证书。

全部课程约有 100 次讲课或研讨，涉及领域广泛。教学分三部分进行：

（1）入门课程

介绍法律、行政学、经济学、社会学等基本概况。

（2）核心课程

分七个方面：

——行政任务、组织与诉讼；

——行政管理；

——欧洲与国际事务；

——国家与经济；

——政策与法律；

——法律咨询与法律、规范、合约的制定；

——高等教育与研究管理。

（3）扩展课程

包括语言与修辞、会议主持和谈判技巧等。

学员可根据自己的兴趣选择课程。教学方式多样，讲课与研讨结合，大班与小组结合，以学员需求为主。

2. 硕士课程

为期1年的硕士研究生课程旨在培养未来的高级公务员，提供关于当代行政管理职责、需求和技能的教育。

该课程的毕业生应当具有评判和解决行政管理问题的能力。

招生对象主要是毕业于法学、经济学、社会学等专业的想从事公务员职业的优秀大学毕业生。硕士班每年5月1日开学，学制一年。其教学安排是：在施拜尔公共行政大学学习两个学期；去行政部门在岗培训至少两个月；三个月的备考及考试时间（一般是在学院第二学期结束之后）。对外国学生而言，通常在该班开学前需要参加预科学习。

课程内容包括下述方面（有的供学生选修）：

——行政任务、组织与诉讼；

——行政管理；

——欧洲与国际事务；

——国家与经济；

——高等教育与研究管理。

每一学期内，学生必须参加一次他们研究范围内的一个项目的研讨班课程，分学习小组侧重研究某一专题，研讨结果要考核。学生必须达到相关证书要求的知识水平。毕业考试内容有两项：撰写论文和答辩。成绩合格者被授予“行政科学硕士”（Master of Administrative Sciences）学位。

自1982年开始，德国施拜尔公共行政大学与德国国际发展基金会的行政管理促进中心合作，开设了外国留学生硕士课程，招生对象是发展中国家的行政学院教师和高级公务员。学制为26个月，分几个阶段进行。第一阶段8个月，分别在图宾根和国际发展基金会柏林办事处安排学习，主要内容是德语、德国概况、德国联邦行政原则、国际发展合作等。第二阶段（冬季学期），就读施拜尔公共行政大学预科班。

接下来即是该学院正式的硕士课程。

1991 年来，该学院的硕士课程增加了新内容，即增添了“欧洲行政管理硕士”（EMPA）课程，这样就成为一项由德国、比利时、荷兰、英国的大学合办的课程。在教学安排上，增加了一个学期安排到其他国家学习。目前这一课程正在经历一个新的发展阶段。

3. 博士课程

学院授“行政科学博士”、“法学博士”、“政治经济学博士”学位，学制 1 年，通过博士论文及答辩即可获得学位。论文的选题范围是：法律、行政科学、经济学、社会科学、历史。答辩的内容有三方面，除论文的主题和行政科学外，学生另选一项。另外，博士生须具备优秀的德语能力。

（二）在职培训——任职资格培训

施拜尔公共行政大学在职培训（或称继续教育）的对象主要是州一级政府的高级官员，也有来自联邦和各级地方政府的官员，议会的代表和国内外大学、研究机构的成员等。课程开设时间为每年 2 月—4 月及 9 月—10 月。

在德国，官员进修培训分为脱产和不脱产。脱产培训班有 1 年也有 2 年的。据了解，施拜尔公共行政大学的教授认为，脱产培训成本太高，学员脱离领导岗 1 年以上，许多真正优秀的候选人其部门舍不得放。因此，施拜尔公共行政大学近些年来重点放在开展不脱产培训上。为加强官员培训，施拜尔公共行政大学在 20 世纪 90 年代初专门成立了“施拜尔官员学校”（Speyer Executive College），并开设了一种高级官员任职资格培训班。

1. 教学目的和入选条件

通过在职培训，使参训人员具备在行政部门担任领导职务的基本资格和能力。

培训与地方政府人才培养挂钩，学员通过了施拜尔的培训后有提升的机会。候选人须具备以下条件：工作成绩突出；在以往所参加的高级培训中成绩优秀；有 7 年以上的工作经历，担任中级领导职务（A15 级）。

选拔程序是个人报名、部门推荐，再由地方政府确定人员。莱茵兰-巴拉丁奈特地区政府在选拔学员时还要求申请人到“测评中心”接受测验。

2. 课程规模和学制

每一班次学员约 20 人。学制总长度是两年半，其中集中上课时间是 20 周。

20周的课分三个阶段，每集中一次占1周时间。此外还安排一段时间到国外考察。全部课程结束后，最后用3天时间座谈交流。

3. 教学方式

分四种不同形式：

——基本课，讲授行政管理新知识；

——论文课，通过案例研讨、专家咨询，分析行政管理政策问题；

——练习课，运用管理工具、手段和行为技巧；

——实践课，安排与各界领导人士会晤，参加研讨、进行实地调研，进行“炉边谈话”等。

4. 课程形式

在职培训的课程形式多种多样，主要有研讨会、研讨班、工作会议和开放性会议等，涉及管理、立法、欧洲事务、地方行政管理理论与实践和政治体制等方面。

学院的在职培训有一个特殊之处，即管理型研讨会直接面向州一级政府的高级公务员和地方政府机构，特别是那些已经或即将在管理岗位上任职的公务员。管理型研讨会向参与者提供管理知识，更新当今行政管理实践的专业知识，整合每位参与者的行政管理工作经验。专业型研讨会、研究型研讨会、工作会议和国内论坛则是为高级公务员在某个领域的特殊兴趣所设计的。

施拜尔官员学校在职培训的一个鲜明特点是将理论和实际紧密结合。通过培训，使学员既学到新的理论知识，又掌握高级管理技能，而且还能调动运用个人所积累的经验。这样，官员的素质就得到提高。

五、行政管理研究所

施拜尔公共行政大学名下的“行政管理研究所”（German Research Institute for Public Administration Speyer）成立于1976年，是联邦政府和（若干）州政府联合资助的独立科研机构，是德国行政学领域科研能力的创新中心。

研究所与学院建立一套协作机制，其成员由学院的教授和本所的年轻科研人员组成。一般是科研人员在学院教授的指导下进行课题研究。据介绍，该所年预算为380万马克，另有国外项目基金95万马克。

该所从事的行政科学研究课题以学术理论研究为主，但同时与实际应用紧密相连。既有跨学科的，也有跨行业、跨区域的。课题分为短期（1年）和中期

（5年内），侧重于以下五个方面：

——公民、国家及其职责；

——公务员与机构；

——计划与决策；

——公共财政政策和经济政策；

——规制和立法政策。

研究所经常举办各种类型的（国际的、国内的）行政科学研究研讨会、研讨班，与欧洲和世界上有广泛联系。国际上的主要协作机构有美国、西班牙、俄国、韩国等国的科研机构。

（蔡和平）

英国公务员学习组织

一、机构概况

英国公务员学习组织是在英国公务员改革的大背景下成立的，主要目的是整合分散在英国各政府部门的培训活动，由一个部门归口负责，通过市场招标和政府采购的形式为公务员队伍提供市场化的培训服务，从而提高公务员培训经费使用效益。

该组织成立于 2011 年 4 月，2012 年 4 月正式全面运转。该组织成立后，原英国国家政府学院关闭。公务员学习组织为英国公务员提供统一的通用能力学习网络平台，并为政府部门和公共服务机构提供人力资源培训和开发的解决方案，包括面授、网络资源和网络教学等在内的混合式培训。

该组织的服务面向英国政府全体公务员，人数约 40 万。目前注册学员为 14 万人。

通过此项改革，英国政府公务员年度培训经费节省了 9 000 万英镑，同时，政府采购所带来的规模效益也大大降低了培训课程的购买成本，有些课程购买费用降低了 70%。

二、治理结构

公务员学习组织是一个跨部门的政府执行机构，经内阁办公室部长和常任国务秘书批准成立。该机构归口管理英国政府部门及其下属执行机构、非皇家公共部门的人员培训工作。具体的培训业务，按照政府采购局有关程序外包给市场。目前，公务员学习组织与 Capita 商业服务公司签署了价值 5 000 万英镑的主承包合同（合同期：2012 年 1 月 20 日至 2016 年 2 月 20 日）。在此期间，由 Capita 公司负责提供和采购培训课程、管理和维护公务员培训门户网站。合同规定，51%以上的培训课程必须由 Capita 公司公开对外招标采购，不得由该公司自身提供。

此外，英国政府还成立了培训归口管理专门小组（CSL Gateway Panel），小组成员一般包括政府采购局代表和公务员学习组织代表，有时相关政府部门代表也可参加。根据培训申请量，专门小组通常每周召开一次会议或每月召开两次会议，会议审议各部门提交的培训申请，确定培训采购计划。

三、运作机制和经费安排

改革后，英国公务员培训的运行机制如下：

（一）培训提供方式

1. 通用能力培训

所有政府部门及其下属执行机构和皇家非部委公共机构在为其工作人员开展通用能力培训时，必须使用公务员学习组织门户网站上提供的公共课程。

2. 下列培训必须通过公务员学习组织归口对外采购

（1）公务员学习组织门户网站公共课程中没有提供的通用能力培训；

（2）价格超过 1 万英镑的专业培训或部门订制培训；

（3）各部门正在执行的培训合同的拓展合同（含所有通用能力培训和总合同价格超过 1 万英镑的专业培训或部门订制培训）。

（二）培训订制程序和费用承担

1. 订制公务员学习组织门户网站提供的通用能力培训课程

课程由公务员学习组织以公开透明的招标方式进行政府采购，所有的网上资源和网上课程对公务员免费提供。每个政府部门向公务员学习组织缴纳一定的费用作为共同基金，用于支付该组织的运营费用和公共课程购买费用，具体缴纳金额根据该部门人数确定（前 500 人免费）。

面授课程由外部供应商提供，价格由公务员学习组织通过政府采购程序确定并在该组织门户网站上公布，费用由培训需求部门与课程提供方直接结算。

申请参加网上课程的公务员可在公务员学习组织网站注册后参与学习。

申请参加面授课程的公务员，在公务员学习组织网站上申请时，需提供购买号，表明其学习申请已征得部门领导批准，随后网站才会正式确认其预订成功。购买号的获取程序由各部门自行确定。

2. 通过公务员学习组织归口采购培训课程

（1）培训需求部门应填写培训申请表提交给公务员学习组织。

（2）培训归口管理专门会议审议培训申请。

（3）公务员学习组织在接到培训申请表后的28个工作日内向各部门通知申请审议结果。

（4）公务员学习组织根据审议通过的培训需求进行公开招标，确定价格，并公布在门户网站上。

（5）公务员学习组织作为主合同方，培训需求部门作为参与方，与培训提供商共同签署培训合同。

（6）培训需求部门与培训提供商结算费用。

四、主要课程

（一）通用能力培训

指适用于大部分公务员的培训内容，主要包括三方面：

1. 公共服务基本技能：作为公务员应具备的基本能力和知识，比如公文写作、依法行政等。

2. 公务员核心技能：公务员提供高水平公共服务应具备的关键技能，比如项目管理、财务和信息技术、战略思维、沟通技巧等。

3. 领导力和管理能力：领导力建设和管理水平培养。

具体培训课程包括：领导力、管理能力、团队建设、360度反馈工具和心理测试、绩效管理、教练术、辅导术、人才管理、商业管理、培训者的培训、信息管理、基本健康和安全知识、沟通技巧、项目管理、影响力、客户服务、媒体应对、谈判技巧等。

（二）专业培训

指仅适用于相关专业领域工作人员并经该专业负责人认可的专业培训课程，可能包括资格认证培训等。

经认可的公共服务专业领域包括：经济、财政、人力资源、信息技术、内部审计、知识和信息管理、法律、医药、规划、政策、政府采购、项目管理、资产和资本管理、心理学、科学和工程、社会调研、统计学、税务、兽医。

（三）部门订制培训

指仅适用于某部门业务需求的培训课程。

五、培训评估

公务员学习组织通过在线反馈系统和供应商链对培训的效果进行系统评估，根据各部门需求和课程评估结果，不断更新和引进课程，以保证课程反映不同政府部门的战略需求。同时进行水平扫描，评估和比较各供应商提供的培训产品，以确保引进最好的外部经验和培训课程。

（卢晓玲）

意大利国家行政学院

一、机构概况

作为一所高等教育和研究机构，意大利国家行政学院成立于1957年，总部位于罗马，另在全国设有4个分部。学院原隶属于意大利国家公共职能部，现在直接隶属于总理府，在组织和会计上具有自治权。

意大利国家行政学院的主要任务是为中央政府筛选和培养高级行政官员。2010年，在意大利政府行政管理改革的推动下，该学院也经历了变革，其主要任务变为协助政府推行行政改革和创新政策，从而强化了其培训和研究职能。过去，涉及政府部门的培训分散在各相关培训机构，现在基本集中在该学院。具体而言，该学院主要职责包括：

1. 初任公务员的录用和培训；
2. 培训、选拔高级公务员；
3. 组织意大利高级公务员海外培训课程；
4. 为中央政府公务员提供有关正在进行的创新和行政改革的培训及知识更新课程；
5. 接受政府委托，为中央政府以外的公共部门雇员、公共服务提供商及其他机构或私营企业提供培训和知识更新课程；
6. 进行有关公职部门改革和创新的研究和分析；
7. 对公共及私营部门提供的公务员培训课程的评估方法和标准进行研究、分析并提供咨询服务；
8. 开展与国外相关机构的合作。

二、治理结构

该学院设院长1名，由专设的秘书处辅佐。下设行政助理1名，并设有4个部门，分别为人事部、办公厅、培训部、国际事务及管理办公室。人事部及办公厅由行政助理分管，培训部主要负责初任培训及网络培训，国际事务及管理办公室主要负责调查研究、管理及出版事务和国际合作事务。

三、师资队伍

意大利国家行政学院目前有教职员工170人，其中包括司机、宿舍管理人员等后勤人员。与法国国家行政学院相似，该学院教学培训的师资主要为兼职，大部分是大学教授和政府部门的高级管理人员。

四、经费情况

2010年，该学院预算为1 400万欧元。其中，员工工资并不包括在内，而是纳入总理府预算。除接受政府拨款外，该学院还可对私营部门委托进行的培训以及为地方政府提供的课题研究进行收费。自2010年开始，该学院的预算及所有员工工资必须在网上公示。2014年，该学院的预算约为1 323万欧元。

五、主要课程或特色

2009年，该学院培训规模超过1 000人。同年颁布的第178号法令明确该学院必须为公务员提供卓越的研究生水平教育。但是，该学院自身并不颁发学术性学位证书，而是与有关大学合作开展学位教育。

该学院的课程贯穿公务员整个职业生涯，主要有入职培训、晋升培训、在职培训、职业发展培训等。

其特色课程有：

（一）新任管理人员培训

主要针对管理领域新入职的领导人员，提高他们自身的竞争力。

（二）在职培训

意大利国家行政学院的在职培训主要针对公共管理领域的管理人员以及政府公务员，以推动他们职业技能的更新。该培训是促进公共管理改革的重要组成部分。

社会管理者的决策能力不可忽视。技术改革不可避免地影响公共管理进程。因此，公共管理改革是国际、国内形势发展的客观需要。

（三）国际培训

国际培训是意大利国家行政学院的一项战略性任务，旨在培养公务员的国际视野及实践能力，并教授他们如何在海外运用正确的工作方法。

（王清竹）

瑞典公共行政学院

一、机构概况

瑞典公共行政学院（Swedish Institute for Public Administration，简称SIPU）成立于1979年，最初为政府机构，负责为瑞典政府提供公务员培训及咨询服务，并接受政府委托开展国际培训。1992年，该学院转型为私营企业，由学院高级职员所有。2007年，学院国际业务（SIPU International）被由芬兰地方政府联合会、芬兰赫尔辛基大学以及芬兰财政部共同控股的芬兰咨询集团（Finnish Consulting Group，简称FCG）收购，成为该集团独资控股的下属子公司。2010年，学院与从事瑞典国内公务员培训业务的姐妹公司（SIPU Förvaltningsutveckling）重组合并，业务范围全面拓展，在培训产品价格、质量和课程开发方面具有较强竞争力，目前是瑞典最大的公务员培训机构。

目前，学院主要职能有三项：一是为公共部门和私营部门提供发展咨询服务，二是在全球范围举办国际培训项目，三是开展瑞典国内公务员培训。

二、治理结构

2007年学院转制之后，按照公司管理模式治理，由一名董事总经理负责整个学院的日常运营和管理。现任董事总经理为安德斯·奥林（Anders Olin）先生。

三、师资队伍

学院瑞典总部现有40名员工，海外项目办公室还有少量员工。根据学院2012年年度报告，2012年全体员工数为62人，2011年为55人。与此同时，学院从世界各地外聘大量短期咨询顾问和专家承担新课程开发及授课。学院建立了一个由来自世界各地的经验丰富的高级短期专家和公共部门发展及相关领域的组织机构组成的国际资源网络。

四、经费情况

2012年，学院年度净利润为195万欧元。学院的经费来源主要依靠政府资助。瑞典国际发展合作署（Swedish International Development Co-operation Agency，简称SIDA）是学院最大的资助方。57%的年营业收入由瑞典国际发展合作署贡献；其次是欧盟，占25%；瑞典政府部门、私营组织占11%，其他机构占7%。这些资助方通常也是学院的客户。

五、主要课程

学院每年可提供100种不同课程，培训规模为1 500人/年，培训内容和领域包括领导力、行政和法律、环境管理、公共财政、社会福利制度等。学员95%来自公共部门，既有高级管理人员，也有一般雇员。

学院培训业务主要来自两种渠道：一是通过竞标政府采购项目，二是通过市场主动寻找客户。课程开发主要有两个特点：一是课程开发完全以市场需求为导向；二是市场营销与课程开发紧密结合。在课程设置上，注重时效性和针对性，学员培训结束后能立即在工作中加以运用。很多课程与大学合作，学员修完课程可获得大学相应学分。

2012年，学院为瑞典国内公务员提供的培训课程主要有：欧盟项目周期管理、公共行政和法律、公共采购、城市发展和技术管理。

六、国际培训

国际培训是学院的强项之一。所有国际培训项目均由瑞典国际发展合作署（SIDA）提供财政支持，是瑞典对外双边援助的组成部分。

参加国际培训项目的主要对象为参与本国重要改革进程的关键人物。项目遍布世界20多个国家，其经验为90多个国家分享。学院的国际培训不以营利为目的，只要达到收支平衡即可。

2012年国际培训项目：

（一）城市环境管理项目

本项目由学院和瑞典SWECO可持续发展工程顾问集团公司联合执行。

1. 培训目的

了解瑞典经验、环境管理方式和全球趋势，增强在城市环境管理方面的能力和资源有效分配的能力。

2. 培训方式

专家授课、实地考察、团队合作、研讨交流等形式相结合。为每个参与单位配备一名瑞典专家作为导师，指导学员为所在单位制订城市环境管理改变计划。

3. 参与对象

2012年项目面向东南亚国家展开，参加人员主要来自地方政府环境管理当局和部分参与地方政府或非政府组织环境管理合作的私营企业人员。此前，已在非洲和东欧地区成功举办该项目。

4. 参与国家

中国、柬埔寨、孟加拉、印度、印度尼西亚、朝鲜、越南。

（二）私营部门发展项目

本项目由学院和瑞典Jarskog咨询公司联合执行。项目分为两个主题培训：私营部门成长和商业战略管理。

1. 培训目的

促进一个充满活力的、可持续的私营部门的发展，增强私营部门和公共部门之间的合作，更好地发挥市场的作用，增进世界贸易的融合。

2. 培训方式

项目支持个人或者团队围绕提升私营部门发展制订改变计划，提供国际、区域及瑞典的视角，帮助提升私营部门发展。

3. 参与对象

私营部门成长主题的学员为负责本国私营部门发展事务的重要官员。商业战略管理主题的学员为商业领袖。项目会设置两个主题参与学员之间的对话环节。

4. 参与国家

非洲：肯尼亚、坦桑尼亚、乌干达、卢旺达。

欧洲：波黑、科索沃、摩尔多瓦、乌克兰、格鲁吉亚。

（陈铓）

芬兰公共管理学院

一、机构概况

芬兰公共管理学院（HAUS Finnish Institute of Public Management Ltd，简称 HAUS）成立于 1971 年，最初名为国家培训中心，隶属于芬兰财政部，负责芬兰在职公务员培训。1987 年变更为国家行政发展署，实行培训收费制度，并将业务范围扩展至国家信息系统人员培训。1995 年，从政府机构转制为国有企业，并正式更名为芬兰公共管理学院。从此，学院不再享受财政拨款，使用国有培训设施需要向国家支付租金。2002 年，学院进一步转制为有限责任公司，芬兰政府拥有其 100%股份。按照芬兰有限责任公司相关法律，尽管股份全部属于政府，学院仍可根据盈亏状况申请破产。2010 年，学院成为芬兰财政部协作服务系统的成员。

学院主要承担着三方面职能：一是作为政府培训的定点采购企业，为中央部委和各地方政府机构提供公共行政和人力资源培训及开发方面的服务；二是在某些大型项目中，作为牵头机构，协调其他培训机构提供的各类服务；三是为行政机关的人员招聘、组织发展及绩效提供支持。

二、治理结构

学院的治理结构包括董事会和学院行政领导班子。董事会由 5 人组成，现任主席为财政部主管人事的总司长，其他 4 名董事分别为司法部常务秘书、总理办公室副常务秘书、芬兰通信管制局局长和学院院长。学院行政领导班子由 5 人组成，院长负责向董事会汇报，4 名主任分别负责人事培训、管理和领导力培训、国际合作以及 HAUS 学院。

三、师资队伍

学院目前有24位工作人员，并长期从全球范围公开招聘短期或长期项目专家和兼职教师。

四、经费情况

2011年净营业额为650万欧元。

五、主要课程

该院每年实施300余个培训课程，培训学员近1万名。学院既提供短期课程，也提供长期课程，如：学位教育。同时，该院还为各部委和机构提供量体裁衣式的课程。

培训内容：

1. 管理和领导力；
2. 行政和法律；
3. 人力资源发展和管理；
4. 财务管理、预算和会计；
5. 公共采购；
6. 公共服务；
7. 良好治理和公务员职业道德；
8. 欧盟培训；
9. 培训者培训。

六、国际合作

该院开展国际交流与合作主要有三种方式：培训外国公务员、开展国际项目和为外国机构提供咨询服务。该院是欧洲公务员培训院校联网成员单位，是中东欧行政院校联合会和国际行政科学学会会员，在中东欧国家十分活跃。该院大量参与欧盟及芬兰政府资助的技术援助项目，曾与我国广东省开展了长达6年的合作，帮助广东省培训地方公务员。

七、咨询服务

建院 40 多年来，该院深度参与了芬兰中央政府和各级地方政府开展的公共管理改革项目，与芬兰所有部委和国家机构、一些地方城市政府均建立了联系，并提供各种资讯服务。近期，HAUS 学院还围绕绩效管理、财政预算、权力下放、组织架构、战略管理等问题，为欧盟提供机构改革方面的咨询服务。

（陈铓）

瑞士国家高级公共管理学院

一、机构概况

瑞士国家高级公共管理学院是瑞士唯一一所专门致力于公共管理领域的教学、科研和咨询的高等学府。学院于1981年由瑞士联邦洛桑理工大学和瑞士洛桑大学联合发起成立，由瑞士联邦提供资金，获瑞士联邦（OAQ）和欧洲学位机构EAPAA认证。

学院地处欧洲正中心，地理位置优越，交通便利，与欧洲多个主要国家首都相邻，距离世界著名的外交城市日内瓦和多个国际组织仅40分钟车程。

学院拥有在瑞士公共管理领域里历史最悠久和最有名望的专业课程，师资队伍不仅具有扎实的学术功底，而且有作为决策者和咨询师的丰富实践经验，经常性地和瑞士及欧洲公共管理部门进行咨询交流。学院提供公共管理领域的研究生课程，同时受各级政府、政党和联邦委托，承担决策咨询任务。学院成功地为瑞士联邦政府和洛桑州政府完成了各种项目。学院还承揽了来自于欧盟、瑞士国家自然科学基金等机构的科研项目。其主要职能有以下三个：

1. 开展硕士及以上学位教育，为官员和公共机构管理者提供继续教育培训；
2. 开展公共行政基础和应用研究；
3. 开展独立咨询活动。

二、治理结构

学院的运转和管理主要由总秘书处、教学秘书处和科研秘书处承担。

总秘书处（General Secretariate）负责学院的总体行政管理工作。教学秘书处是学院教学委员会的执行机构，负责教学培训工作。科研秘书处是学院科研委员会的执行机构，负责组织该院工作人员开展公共行政领域的国内和国际研究。

学院的教研、科研和咨询任务主要由教研部完成，学校现有以下 9 个教研部。

1. 欧洲和公共政策教研部

专业领域：瑞士公共政策与国际形势的融合和协调发展，欧洲一体化对瑞士体制的影响，州与联邦之间的横向及纵向合作。

2. 公共财政教研部

专业领域：公共财政均等化，地方政府合并，财政形势评估（负债、税收、预算、财政规划等），财政体制设计与规划。

3. 公共管理与营销教研部

专业领域：公共组织管理（战略与组织行为），公共营销（服务分析、信息收集与使用者行为），公共交流与非营利性组织。

4. 体制政策教研部

专业领域：国家、州、市三级机构职能和机构改革（议会、政府、政党），联邦职能评估与跨州合作，基于瑞士州和城市数据库（BADAC）基础上的信息和分析。

5. 地方政策与评估教研部

专业领域：公共政策分析与评估，区域化与跨地区合作，决策与斡旋战略。

6. 公共政策与可持续化教研部

专业领域：文化遗产与环境政策，自然资源和基础设施的可持续管理，行政重塑。

7. 公共管理与人力资源教研部

专业领域：公共管理（战略、质量管理和推进机构灵活性），人力资源管理与人员政策，人力资源管理（人员招录、绩效评估、薪酬管理、人才培养、工作时间管理）。

8. 社会政策教研部

专业领域：社会政策国际比较研究，社会问题分析，社会政策措施影响模拟与分析。

9. 公共管理与信息系统教研部

专业领域：信息管理与信息系统管理，电子政务与电子民主，信息社会政策；体育管理与政策。

此外，学院鼓励跨学科合作，成立了下列 8 个研究和教学中心，每个中心由

1 名教授作为主席负责：

（1）公共管理与营销；

（2）公共财政；

（3）瑞士公共行政和体制政策；

（4）地方政策/公共政策评估；

（5）公共政策/环境研究；

（6）公共管理/人力资源；

（7）社会政策；

（8）公共管理/信息系统。

三、师资队伍和教学规模

学院是一个小团体型的学术机构，共有 14 位教授，80 位职员，同期在校生 600 名。这样的规模便于教授们随时在学生身边提供指导。学院拥有一批在政策分析、公共经济和公共管理领域的教研人才，经常性地为地方政府和公司提供咨询和问题解决方案。

四、主要课程

（一）英语授课课程

1. 国际公共管理专业硕士（IMPA：International Master of Public Administration）

学习期限一年，全日制，60 个欧洲学分（ECTS）的跨学科课程，涵盖所有公共行政和管理的主要领域，教授适用于国家及地方政府、咨询公司、国有公司或非政府组织的一系列政策制定和分析方法，培养掌握公共财政和管理等方面的核心技能。

专为现在或将来有志成为政府公务员、非营利组织管理者或咨询师的学员，提供学习并了解瑞士和欧洲的公共及公共企事业产业的管理方法的课程，同时可获得在一个多元文化环境里留学经历的人士设计。

6 门核心课程涵盖了公共管理的主要领域：公共管理，公共政策及评价系统，公共财政，信息系统和统计，公共治理和政治机构，公共政策比较。此外还包含：1 门方法论课程＋方法训练，1 门公共政策分析高级课程，1 门非英语母语学生的必修英语课程。还可以参加法语或德语课程并掌握第二种外语——这将是一个国际化职业生涯的重要资产。

毕业论文可以是一份客户导向的政策报告或是一篇学术论文。

所有课程均由 IDHEAP 的全职教师任教，高素质从业人员配合和采用互动教学方式。学生将在研究项目全程得到指导。

2. 公共管理博士学位（Doctorate in Public Administration）

学习期限三年，全日制的研究类课程，为已获得研究生学位将来有志从事学术研究的青年学生设置。

3. 高级公共管理证书培训（Executive Certificate and Diploma in Public Management and Administration）

这个用英语授课的短训课程为希望学习最新现代管理技能的公务人员设置。

（二）法语授课课程

1. 公共管理专业硕士（MPA：Master of Public Administration）

学习期限一年半，全日制，用法语授课的继续教育课程，为有工作经验并希望将来升职为高级主管的公务人员设置。

2. 公共管理与政策硕士学位（MPMP：Master of arts in Public Management and Policy）

学习期限二年，全日制，法语或德语授课，为本科毕业但无实际工作经验并对公务员职业感兴趣的年轻人设置。该专业与瑞士洛桑大学、伯尔尼大学和卢加诺大学合办。

（卢晓玲）

俄罗斯联邦总统直属国民经济与国家行政学院

一、机构概况

俄罗斯联邦总统直属国民经济与国家行政学院成立于2010年年底，由原俄罗斯联邦国民经济学院、俄罗斯联邦总统行政学院和12个地区公务员学院合并而成，是俄在公共政策、公共行政和商务管理领域首屈一指的高等院校，隶属俄罗斯联邦政府，合并后院长为原俄罗斯联邦国民经济学院院长毛乌。

重组之后该院是俄罗斯及欧洲地区社会经济和人文科学领域最大高校，在全国高校排名中位列前三名。它在俄罗斯联邦53个地区拥有68个分支机构院校。该院莫斯科校区拥有21个院系，学生16万人，其中全日制学生有35 000人。该院提供职业培训证书、学士学位、硕士学位、公共管理、工商管理和博士学位教育，是俄罗斯MPA和MBA学位教育的引入者和先行者。

二、主要特色

（一）以职业教育和培训为办学重点

根据2011年7月7日第902号总统令，学院有权自行设置教育标准和要求来实施高等职业教育项目。该学院职业教育项目繁多，包括22个学士学位课程、26个专家学位课程、14个硕士学位课程，还有31个中等职业教育课程。学院制定并实施了700多个职业培训继续教育项目，并且每年该项目中30％的项目会进行补充更新。

学院承担了俄罗斯80％的高级公务员培训任务，同时也是一个为现代俄罗斯企业和组织机构培养高层管理人才的殿堂之一。该校超过1/3的学生都是学习工商管理专业的。他大多数的MBA和EMBA课程是由世界上最负盛名的认证评审会评定。该学院是系统的引进俄罗斯的教育活动——MPA（公共管理硕士）的发起人之一。这些教学项目的设立和教学的实施主要是确保政府部门的人员配置需求。

（二）注重为国家提供政策咨询

该学院经常被选为政府活动场地，举办各种国家及国际级别的会议、论坛等。每年学院都会举办论坛（Gaidar Forum），由全球知名专家和国内政要参会商讨各类议题，对俄罗斯的经济政治发展有重要影响。

于2012年11月1—2日召开的“公务员人事人力资源管理”论坛，国家权力机构代表、欧洲及独联体国家的代表都参与了此次活动。2012年12月10日，俄罗斯总统弗拉基米尔·普京访问了该学院，并在此与他的支持者举行了座谈。

（三）科研力量雄厚

学院的科研潜力巨大，师资队伍庞大，拥有超过700名的博士及教授，2 300多名副博士及副教授；拥有图书馆基金RANHIGS，藏书超过700万册。

三、主要组成机构简介

（一）俄罗斯联邦国民经济学院

俄联邦国民经济学院是该院主体，成立于1977年，1995年经俄联邦政府批准成为联邦和地区公务员培训及资格提升体系的主要教育和研究中心，负责公务员、企业家、经理人、金融家和律师的培训工作。至今，该学院已经向社会输送了10万余名毕业生，包括一些独联体国家的总统、总理、部长，以及俄工商业界著名领袖和金融家，是俄罗斯培育国内外公共部门和商界未来领袖的摇篮。

该学院集高等教育、研究生培养和量身定制的专业培训为一体，拥有15个系、3个研究生院、3个地方分院及多个研究培训中心，主要包括：公司管理研究生院、国际商务研究生院、金融管理研究生院、政府管理学院、创新和科技商务学院、商务研究学院、管理营销学院、俄德管理研究生院、财务金融院、房地产管理学院、经济和社会学学院、经济学院、斯佩兰斯基法学院、国际项目中心、商业经济学院，俄联邦国民经济学院克拉斯诺戈尔斯克分院、俄联邦国民经济学院红军城分院、俄联邦国民经济学院加里宁格勒分院。

长期以来，学院在俄罗斯职业教育和培训领域起着积极的带头作用。例如，1992 年，学院发起制定俄罗斯工商管理硕士标准；1998 年，学院开展实施经理人培训国家项目（又称“总统项目”）；1999 年，学院发起并启动了俄罗斯引进工商管理硕士的国家实验项目。

学院积极参与国际合作与交流，是多个国际商业教育协会［国际大学协会（IAU）、美国国际管理教育联合会（AACSB）、英国工商管理硕士协会（AMBA）、中东欧发展管理协会（CEEMAN）等］的会员，并与英国、德国、法国等多所大学联合授予文凭。

（二）俄罗斯联邦总统行政学院

俄罗斯联邦总统行政学院主要从事国家行政管理的教学、研究和信息分析工作，成立于 1994 年 6 月 6 日，其前身是苏共中央社会科学研究院。2007 年，经俄罗斯联邦政府批准，学院具有国立高等职业教育机构的资质。学院由 24 个系和其他机构组成，并大量聘请包括俄罗斯发达的州和独联体的科研机构以及德、法、英、美等西方发达国家专家在内的客座教授。

学院开展的主要学术活动包括：提供本科和研究生以及在职公务员的培训，组织与实施公共行政理论及应用研究，提供人员选拔政策的相关建议，为公共服务及其法律框架改革提出建议，与地方行政学院共同合作进行公务员培训，为教职员工专业技能水平的准备、再培训以及提高提供科学的理论基础，提供公共服务方面的信息分析，为学院公共行政领域的国际项目提供科学和组织层面的支持。每年有 4 000 多人参加学院的培训课程。

学院与俄境外多国行政管理培训机构建立了国际合作关系，每年接受外国公务人员来俄学习、进修；同时，也组织本国公务人员赴海外研修，俄政府拨专款全额支持，研修目的国需根据俄方要求落实研修课程、考察项目等。

（施蒙）

第三部分

亚　太

日本中央公务员研修院

一、机构概况

日本中央公务员研修院离东京30公里，成立于1959年，直属于人事院领导。学院实行院长负责制，下设教务处、总务处等机构，年培训规模3 000人左右。

目前，日本中央公务员研修学院承担了日本全国高级公务员的培训工作，培养干部及后备干部。但是该研修学院由于自身条件有限，只能进行中短期培训，而把大量的长期培训委托给国内外的许多高等院校和科研机构来进行。

日本中央公务员研修学院的主要培训目标有以下三个方面：

1. 提高公务员队伍的职业道德修养，增强其使命感；

2. 加强公务员队伍的能力素质建设，提高工作水平与效率；

3. 促进公务员队伍间的理解与信任，培养团队意识和协作关系。

二、主要培训课程

日本中央公务员研修学院的培训课程按照级别的高低可分为以下8种类型：

1. 初任培训

初任培训为通过考试新录用公务员的任职培训，主要针对中央各府省负责政策规划与制定的公务员，加强其职业伦理道德，增强其使命感和自觉性，开阔视野，提高前瞻性。时间为3天，规模为550人。

2. 科员级行政培训

此培训为新录用公务员半年后的进修培训，主要目的是加强其行政管理知识与经验，培训课程包括赴地方自治体的现场考察等内容。培训时间为5周，规模约 460 人。

3. 主任科员级行政培训

公务员在得到晋升成为主任科员之后，为了提高自己的管理能力，要重新回到研修学院接受第三次培训。主要目的是加深其对公务员责任与使命的认识，强化敬业奉献精神。培训时间为 4 天，规模约 500 人。

4. 副处长级行政培训

公务员在从主任科员晋升为副处长之后，由于经常要参加法律法规的制定，所以就必须重新回到研修学院进行学习，以提高法律制定和工作计划的能力。这种培训班时间为 3 天，每年举办 8 次，每次约 60 人。

5. 处长级管理者研讨班

公务员在从副处长晋升为处长以后，工作对公务员的个人能力的要求提高，要经常进行一些综合性决策和协调性决策，公务员的能力需要进一步提高，因此公务员要再一次参加研修学院的培训。参加者要求年龄在 50 岁以下，私营企业或外国政府的相应级别管理者也可参加。此类研讨班每年举办 3 次，每次约 30 人，时间一般为 1 个星期。

6. 特别课程

为加强公务员队伍的职业素养，提高政策执行力，日本中央公务员教育研修院还分别设计了特别课程，对象为科员（1 年 3 次，每次约 50 人）、主任科员（1 年 3 次，每次约 50 人）与副处长（1 年 2 次，每次约 35 人）。

7. 处级行政官研讨班

针对中央各府省的处长级巡视官与研究人员，私营企业的相应级别管理人员也可参加。该研讨会每年举办 1 次，时间为 4 天，约 15 人参加。研讨班主要围绕日本传统思想、文化进行，提高其职业伦理素养和洞察力等议题展开交流。

8. 处级以上行政官论坛

论坛针对中央各府省处级以上行政官员，每年举办 10 次，主要就行政议题进行研讨交流，以提高其政策视野与前瞻能力。

三、委托培训

研修学院把一些长期的培训项目都委托给国内外各个高校和科研机构来进行，因此按照委托机构的不同，研修学院的培训又可分为以下 4 种类型：

1. 委托国内大学进行的培训

研修学院每年选择特别优秀的学员，派遣他们到国内著名的高校去进行培训，主要的学校有东京大学和京都大学——学习法学和政治学，横滨大学——学习世界经济和国际法，筑波大学——学习政策科学。学员一般在这些学校学习两年，可以取得这些高校的硕士学位。

2. 委托国外著名大学进行的培训

研修学院每年还选拔优秀学员到美国、英国、法国、德国和加拿大等国家的著名大学进行培训，如美国哈佛大学、英国牛津大学、法国巴黎大学等。这类培训的时间一般为两年，学员在这些高校中攻读硕士学位。

3. 委托国内民营企业进行的培训

参加这种培训的学员受到学院的派遣，到国内许多大中型企业进行实习，学习先进的管理经验。实习的期限不一，从三个月到两年不等。学员从这些企业实习结束后，并不能拿到任何学位。

4. 委托国外机构进行的培训

研修学院每年选派学员到其他国家的政府机构（包括美国、英国、澳大利亚、德国、法国等）进行研修实习。这些学员一般要在这些政府机构中实习 6 个月到 1 年。

（纵向东）

日本自治大学校

一、机构概况

日本自治大学校直属自治省，成立于1953年10月，是日本唯一一所国家级地方公务员培训机构。

第二次世界大战结束后，日本根据新《宪法》建立了地方自治制度。为适应民主、高效管理，地方政府亟须为直接参与地方行政的地方公共机构职员建立一所提供高级培训的机构。在这种情况下，为响应地方公共机构的需求，日本于1953年通过了批准建立日本自治大学校的相关法令。

日本自治大学校实行校长负责制，设总务处、教务处、科研处等机构，教职员工共16人。日本自治大学校的主要目标是，全面培养地方公务员的决策力和行政管理能力，从而领导地方政府机构。为了实现这一目标，学院邀请来自各个行业的讲师，为学员提供高水准、专业化的培训。根据教学需要，从校外聘请著名的专家、学者以及政府官员来院授课，校长也经常给培训班的学员授课。

学校原校址位于东京都市中心，为了进一步充分满足地方公共部门的培训需求，改善培训环境，日本自治大学校于2003年4月迁至立川市。新校区占地50 000平方米，建筑面积28 660平方米。学校采用全寄宿制，通过集中式培训以及与其他学员的积极交流，来自全国地方政府的学员能够打破地域或行政领域限制，接触广泛的知识和观点。该校每年培训近1 000名地方政府中级以上的公务员，以中、长期培训为主。日本自治大学校每年招收约1 000名学员，截至2008年毕业学员总数约53 000名。毕业生在日本分权改革中发挥了重要作用，广泛活跃在全国各地，不少人成为都、道、府、县的知事、副知事和市长、町长、村长等地方政府重要官员。

近年来，日本的分权化改革进展很快，权力分散是未来发展的大趋势。在这样的背景下，开发地方治理（地方自治）领域的人力资源的重要性日益突出，从而发挥地方的积极性，建设独具特色、充满活力的地方社区。这意味着，在培养地方公共实体领导的综合决策能力及行政管理能力方面，日本自治大学校发挥着至关重要的作用。同时，作为地方自治学科的研究中心，日本自治大学校的另外一个职能体现是在国内外开展了一系列地方自治相关体系的研究和调查工作。

二、主要培训课程

学校提供一系列学科课程，不仅包括法学、经济学、公共管理学、公共政策、地方行政管理及财政等核心课程，同时也开设了新公共管理（NPM）理论、公民参与理论及风险管理的研究等课程。学校致力于提升学员对不断变化的社会经济环境及公民需求的快速反应力，着重培养与地方自治直接相关的实践能力。综合培训课程则针对地方政府部门面临的重大政治问题，在环境和福利政策方面对学员进行系统化、集中式培训。

学校开设的行政管理课程包括：

1. 一级课程

培训对象相当于各都、道、府、县或各市、町、村的科级、副处级及以上级别（村町一级的行政人员视情况录取），培训时间 6 个月，每年举办 2 次，每次 130 人，共 260 人。

2. 二级课程

培训对象相当于市、町、村的科级及以上级别，培训时间为 3 个月，每年举办 3 次，每次 200 人，共 600 人。

3. 一级、二级专业课程

培训对象相当于都、道、府、县级或市、町、村科级及以上级别，培训时间为 3 周，每年举办 1 次，每次 120 人。

4. 三级课程（都、道、府、县级/政令指定都市课程）

培训对象为都、道、府、县级、政令指定都市、核心市等的处级级别（市、町、村一级的行政人员也可视情况录取），培训时间为 3 周，每年举办 1 次，共招收 40 人。

5. 市、町、村级课程

培训对象相当于市、町、村处级的级别（政令指定都市除外），培训时间为 3 周，每年举办 1 次，共招收 100 人。

6. 新时期/地方管理课程

相当于都、道、府、县和市、町、村科级及以上级别，培训时间为3周，培训人数180人。

学校开设的专门业务培训课程包括：

1. 税收政策课程

培训对象为都、道、府、县和市、町、村的税收官员，培训时间为6周，每年举办1次，共招收100人。

2. 税务会计专业课程

招收对象为都、道、府、县和市、町、村的高级税务行政人员，培训时间为3个月，每年举办1次，共招收70人。

3. 培训者的培训课程

招收对象为都、道、府、县和市、町、村高级培训人员，培训时间为2周，每年举办1次，共招收60人。

4. 审计培训课程

培训对象相当于都、道、府、县和市、町、村的科级及以上级别的审计人员，培训时间为3个月，每年举办1次，共招收30人。

三、科研工作

该校向日本地方自治培训委员会提供间接支持，地方自治培训委员会是一家自愿研究和沟通组织，为包括地方公共实体的培训机构和人事部门在内的500多家机构提供了一个培训交流平台。学校对地方公共实体开展的培训进行分析研究，并且与全国范围内公务员培训机构分享经验，以便提高培训质量。

该校还承担着地方公务员培训教材的编写任务，注重通过案例教学培养学员实用性思维能力，所开发的案例覆盖了地方公共部门在环境保护、社会福利、社区建设中面对的行政难题。这些教材旨在培养学员的能力，从而创造性地发现问题、有效解决问题、执行和评估政策以及应对涉法问题。同时，案例编写旨在让学员明确了解相关组织政策制定流程，并且将有助于检验各组织的政策制定与实施过程。

此外，该校出版发行的《自治月刊论坛》是一份面向地方公务员的通用教育杂志，撰稿人都是在各自领域享有至高威望的人士。《自治月刊论坛》曾用名《自治培训》，拥有50多年的历史。杂志针对每月地方公共实体需要解决的各类问题，也为毕业生和校友提供交流平台。

（纵向东）

韩国中央公务员教育院

一、机构概况

韩国中央公务员教育院隶属韩国行政安全部，成立于1949年3月，原名为国立公务员训练院，1961年更名为中央公务员教育院。该院位于首尔市，占地117 000平方米。

韩国中央公务员教育院的建院宗旨是培养优秀的中央公务员，为韩国公共部门培训机构提供支持，开展公务员培训的国际交流。中央公务员教育院主要负责韩国5级以上中高级公务员培训，编写公务员培训教材，开展与国内外行政机构的交流工作。

韩国中央公务员教育院注重培养服务人民的意识，强化公务员的前瞻能力与全球化思维，努力打造高级公务员的领导力与创造力。该院强调以能力培训为中心的个性化培训课程取代以培训供给者为中心的课程，以亲身参与和实践体验的学习取代理论导向的学习，以问题解决为中心的行动学习取代以知识传授为中心的学习。

韩国中央公务员教育院每年举办各种各样的培训班40多个。通过这些有计划、有组织的培训，极大地提高了公务员的素质和能力，使他们树立了正确的职业价值观。

二、主要培训课程

1. 职级培训课程

通过不同培训课程使不同级别公务员达到与其职级相应的职业素养与能力：

(1) 高级政策培训班，主要培训中央行政机关的局级公务员以及公营企业的高级管理人员，培训时间为44周，培训目标在于加强政策管理人员的战略思维能力与核心能力，强化其对社会与经济的洞察力，拓展其全球化的视野，改进其领导管理技能，提高其伦理道德水平；

（2）高级管理者培训班，对即将晋升为局长的处级公务员进行的培训，培养其领导技能，时间为 2 周；

（3）中级公务员培训班，对处长级（4 级）公务员人选的培训，时间为 27 周；

（4）初级领导者培训班，对已经通过国家公务员考试成为科长级（5 级）公务员的人员进行培训，培养其胜任处级管理者必备的知识、技能，确保其成功完成管理者角色转换，培训时间 27 周；

（5）初级领导者选拔培训班，对 5 级公务员人选进行的培训，时间为 6 周；

（6）行政能力培训班，对 7～9 级公务员的行政业务能力培训，时间为 3～4 周。

2. 核心能力课程

包括专门能力课程、全球化能力课程与国际培训课程。又根据培训内容的不同分为：专业培训，包括国际交流培训、政策宣传培训、行政效率培训、民愿行政培训、公务员培训机构师资培训、组织发展培训等；外语培训，包括英语培训、日语培训和汉语培训等；特殊培训，包括临退休前的培训、女性公务员的培训等。

（纵向东）

— 韩国开发研究院公共政策与管理学院 —

一、机构概况

韩国开发研究院（Korea Development Institute，简称 KDI）由时任韩国总统朴正熙于 1971 年批准成立，校址位于韩国首都汉城（2005 年汉城改名为首尔）。

韩国开发研究院专注于经济政策和管理领域的研究咨询，通过参与制定国家远景规划和对国家政策提供有效建议，来服务于韩国政府、韩国人民、公共部门和私营部门。韩国开发研究院现有正式人员 301 人，包括 230 名研究人员，71 名行政人员。

作为韩国最前沿的社会科学研究机构和最重要的政府经济政策思想库，在韩国政府经济政策制定方面扮演着极为重要的角色，承担着韩国宏观经济走势预测、国际经济形势分析、金融业发展规划等课题研究工作，对公共政策可行性、有效性、科学性的评估结果直接影响着政府政策能否得到议会的认可。其研究成果有很强的独立性，保证了政府出台经济政策的科学性和有效性，减少了因决策失误而给国家带来的损失。

公共政策与管理学院（KDI School of Public Policy and Management，简称 KDI School）是韩国开发研究院下属学院，成立于 1997 年，主要提供公共政策领域的学位课程。公共政策与管理学院教研人员 32 名，行政人员 40 人，政府年度预算约 5 600 万美元。

凭借韩国开发研究院的研究资源和政府资源，公共政策与管理学院为赏有效提供结合了最前沿学术理论与带有全面性和创新性的实践研究成果的特色课程，使学员能够站在国家高度了解关键性的国家政策规划。自成立以来，公共政策与管理学院获得了长足的发展，在国际上赢得了很高的声望，成为亚洲公共政策领域领先的研究生院。

创办至今，学院得到了明显的发展，已为政府和企业培养了约 2 000 名的未来领袖。在校学生从一开始的 55 名扩展到 2010 年的 250 名，教学质量和师资水平已经可以同国际知名机构相媲美。公共政策与管理学院现有全职教授 32 名，客座教授 18 名，讲师 5 名，行政人员 40 人。教研人员具有经济学、金融学、管理学、国际关系学等相关领域专业背景，主要任务是教授与其专业背景相关的核心课程，从事相关领域的研究项目，将研究成果融入课堂讲授中，同时开发新课程，形成学术研究与课堂讲授的有机结合。

二、主要培训课程

公共政策与管理学院主要提供以下学位课程：

（一）发展政策硕士（Master of Development Policy）

该硕士课程依托开发研究院在社会经济发展理论研究与实践领域积累的丰富经验，招收国际学生。

（二）公共政策硕士（Master of Public Policy）

该硕士课程招生对象为来自政府、媒体与 NGO 等各行业的韩国与国外学生，旨在培养学生在公共政策领域的国际视野与专业修养，为韩国学生与国外学生搭建一个互动交流的学习平台。

（三）国际双学位课程（Global Master's Program）

国际双学位课程为韩国中央与地方政府公务员以及私营企业中层以上管理人员提供获取双学位的学习机会。参加该课程的学生在公共政策与管理学院同国外合作院校各学习一年，同时获得两个学校颁发的学位证书。

三、博士课程（Ph. D）

博士课程旨在培养高素质的政策研究人才与教学人才。在校学习期间，博士毕业生需从事至少一学期的教学任务，出席至少两次国际研讨会并在相应学术杂志上发表论文。

（纵向东）

新加坡公共服务学院

一、机构概况

新加坡公共服务学院隶属新加坡总理公署公共服务署的部门，是新加坡专门为公务员进行培训的法定机构，主要培训各政府部门及法定机构的公务员。现任院董事会主席由公共服务署常任秘书杨颖仪（副部长级）女士兼任。院长是新加坡公共服务署副常任秘书郭民力。2012 年财政年度，学院培训国内学员 39 886 人、国外学员 4 003 人，研究项目和研究报告为 101 份。

（一）机构简史

新加坡公共服务学院前身为 1959 年创建的政治学习中心，1971 年改为公务员训练学院，主要培训刚加入公务员团队的行政官员；1975 年改名为民事服务学院，开始培训各级公共服务官员。1993 年成立政策发展学院。1996 年民事服务学院改名为公共行政和管理学院，又与政策发展学院合并，改名为公共服务学院。新加坡原来的培训经费是直接拨付给公共服务学院。1997/1998 年新加坡开始市场化改革，把培训经费按人头拨付到各政府部门。2001 年 10 月，国会通过公共服务学院法令，公共服务学院由官方机构重组为自负盈亏的法定机构。

2013 年 4 月 1 日，为顺应公共服务的快速发展，并确保能够领先满足公共部门的需求，学院再次进行机构改组。改组后，学院将集研究、课程开发、咨询及培训于一体，设五个职能专属的部门：

——治理与政策教研部（IGP）：将专注于治理学、公共经济学、传播学，以及国际关系学；

——领导能力与组织发展教研部（ILOD）：将专注于领导力学和管理学，以及机构发展；

——公共行政与管理教研部（IPAM）：将专注于公共服务提供、人力资源、公共财政和采购，以及与提高公共管理效率相关的其他领域；

——公共服务领导教研部（IPSL）：将为公职人员职业生涯中的每个里程碑提供量身定制的领导课程；

——国际司（CSCI）：将为海外官员提供培训及咨询服务。

（二）学院使命和培训目标

学院的使命是建设世界一流的公共服务发展人力资源，成为新加坡公共服务学习与发展之枢纽。公共服务学院的培训目标是通过培训使公务员充分理解从事政府工作的基础原则，贯彻正直、服务和卓越的公共服务领域价值观，按照“一体政府”方针执行政策相关事宜，创建同僚支援网络以推广合作，了解新加坡国际经营环境所面临的挑战和机遇。

二、经费来源

新加坡公共服务学院是自负盈亏的法定机构。该院的经费一部分是通过开办培训课程和研究咨询项目的费用赚取，另一部分也有来自公共服务署的补助。根据该院2012—2013年度报告，2012—2013财政年度（2012年4月至2013年3月），收入为0.66亿新币，其中，培训收入为0.43亿新币，研究咨询项目收入400万新币，政府拨款0.18亿新币，其他营业收入100万新币。年支出为0.62亿新币，尚有部分盈余。

三、课程设置

每年年初，该院会对外公布当年《培训指南》（Training Directory），提供针对不同岗位和级别的新加坡公务员和国际学员设计的菜单式培训课程；每个课程指南中都注明所针对的岗位和级别，一目了然，方便公务员选择。

（一）里程碑课程（任职前课程）

该课程是新加坡公务员培训中为数不多的必修课程，由政府指定公共服务学院承担，针对高级公务员开展的里程碑课程内容公开，编制到年度《培训指南》中去，但针对行政官开展的里程碑课程内容对外保密。

（二）其他国内课程

该院为新加坡公务员设计了八大类课程。课程内容涉及公共治理及经济、个人能力建设与发展、领导力与督导管理、人力资源与组织发展、公共财政与政府采购、调研、法律、办公室行政、卓越服务与全球化、交流沟通等领域，大部分为短期培训。

（三）国际课程

该院国际部根据国际合作伙伴需求设计国际课程。

四、师资队伍

新加坡公共服务学院没有专职教师，有专职职员约 270 名，主要为培训管理者和科研咨询人员，工作就是进行培训需求调查和分析，聘请教师，组织实施课程，开展研究咨询。为保证培训课程的质量，学院经常派人到政府部门了解需求情况，根据部门和学员需求设计提供菜单式的培训课程。

目前，学院有客座讲师超过 500 人。从事科研工作的专职职员承担一小部分教学任务，绝大部分的教学任务由客座讲师承担。客座讲师都是从外面请来的，来源十分广泛，包括现任及退休公务员、大学教授、私人企业家及高级管理人员。学院常聘请跟公共服务有关的在职或刚退休的公务员开展培训，确保讲授的内容有实践价值。客座讲师上台授课前需要接受试讲评估。

五、培训方式

新加坡公共服务学院在培训过程中注重的不是理论研讨，而是问题解决。学员在各自的公共服务领域有丰富的经验，因此在教学中鼓励学员交流沟通，尽量让学员自己去想，说出来，大家分享。授课方式包括课堂讲授，现场教学，拜访交流等形式。课堂经常采用小组讨论，做些活动或游戏。案例讨论是常用的，讨论后让学员写出结论。

（纵向东）

— 新加坡国立大学李光耀公共政策学院 —

一、机构概况

李光耀公共政策学院所在的新加坡国立大学是一所著名的综合性研究型大学，有来自70多个国家的22 000余名本科生和6 000余名研究生。李光耀公共政策学院在世界公共政策院校的排名稳居前四名。

20世纪八九十年代，世界和东南亚地区的政府角色与公共服务的理念经历了深刻的变化。为了回应这种变化，新加坡国立大学1992年创立了公共政策系，致力于培训东南亚各国的优秀公务员。2003年9月16日，在李光耀资政80寿辰祝寿晚宴上，新加坡总理吴作栋宣布：新加坡政府决定在新加坡国立大学设立李光耀公共政策学院。这个学院就是以公共政策系为基础扩展的。李光耀公共政策学院的建立，使得新加坡国立大学的公共政策教育得以更上一层楼，使得该校日益发展成为一个亚洲地区乃至全球各地决策者、行政官员和学者进行公共政策培训、学习和交流的中心。

随着东南亚和太平洋地区的国家进入了持续发展的新阶段，城市化、公共卫生和社会福利问题，影响广泛的跨越国境环境问题，国家安全、民族纠纷与恐怖主义等政策问题都成为本地区国家决策者所广泛关注的问题。政府公务员要在如此复杂的环境中制定公共政策，满足国内和国际不同方面的需求和期望，就要学会从不同的学科角度分析问题。李光耀公共政策学院致力于提供学生所需要的公共管理相关知识和有关培训教育课程，使得学生能采用多学科方法制定和实行政策方案。

二、治理结构

学院现任院长马凯硕教授（Kishore Mahbubani），曾任新加坡驻联合国总代表、新加坡外交部常务副部长，是著名的国际问题和新加坡研究专家。公共政策学院设有管理重要事务的管理委员会，包括学院院长在内共有 15 名成员，主要由公共政策领域内的著名学者、高级政府官员和私营部门的高级管理者组成。

三、经费来源

学院经费主要由政府资助、社会捐助和学员学费等几部分组成。2011 年学院运营经费为 2 400 万新元。

四、师资队伍

学院教师由三部分组成，学院专职教师占 1/3，从国立大学请的兼职教师占 1/3，从政府部门或者国（校）外聘请的兼职教师占 1/3。公共政策学院专职教师有 20 余名，他们大多毕业于美国著名的公共政策教育机构（如哈佛大学、普林斯顿大学、卡内基—梅隆大学、印第安纳大学、北卡罗来纳大学等）。此外，学院还从院外聘请了大批知名教授短期工作、授课。例如，现任新交所主席比莱先生（Mr J. Y. Pillay）、前新加坡公共服务部门总领导林祥源先生、前南洋理工大学商学院院长牛本雄教授等都是该院兼职教授。

五、主要培训课程

学院在校全日制学位学员约为 370 名，短期培训学员每年约有 1 300 名，其中有 700 名左右来自中国。其培训方式多采用小班教学，方法有讲授式、案例式、情景模拟、体验式、考察研修、挂职实习等。其主要培训课程包括：公共管理硕士（MPM）、公共行政硕士（MPA）、公共政策硕士（MPP）以及与国立大学管理学院合办的以中文授课的高级行政和公共管理硕士学位课程。此外还有博士学位课程和领导人员短期培训课程。

1. 公共管理硕士课程（MPM）。面向在决策岗位上有成就的高级公务员，学制 1 年，每年招收 20～25 名学生。此项课程着眼于培训学生的高级管理技能和领导技能，这些技能可用于他们所在组织的战略管理、组织变革、政策创新和业务创新。课程包括政策决策中的经济学分析方法、全球化与公共政策、公共管理等一系列必修、选修课程。该课程还包括一个实际问题研究项目，在该项目中，学生有机会到新加坡政府部门中观察和研究新加坡政府的政策创新、决策和执行过程。学生还将在哈佛大学或哥伦比亚大学（均为李光耀公共政策学院的合作伙伴）参加为期一学期的培训课程。

2. 公共行政硕士课程（MPA）。面向经验丰富的中级公务员，学制1年。该课程可脱产或在职攻读，每年招收60名左右学生。此项课程着力于培养学生有效应付充满挑战性的政策环境的能力。通过跨传统职业领域的全方位专业训练，帮助学生提高日新月异的经济社会环境中的工作能力和竞争能力。该课程设计立足于提高学生对复杂和多元化政策问题的管理和解决技巧，提高政策分析和项目评估的技能，以及提高公共行政方面的领导能力。

3. 公共政策硕士课程（MPP）。面向已在政府部门任职的公务员以及对从事政府工作感兴趣的其他人员，如新近毕业的大学生，学制两年，每年招收40名左右学生。此项课程致力于培养学生对政策问题的复杂性的认识，寻求在政策分析的严谨性方面训练学生。该课程设计立足于帮助学生政策分析培养技能，学会定义政策问题，使用现有的最好证据来构想和评估政策选择，提出行动方案，以及执行政策方案。这些技能的培养是通过多学科的课程教育来实现的。课程广泛涵盖了来自于经济学、政治学、社会学和统计学等科目的公共政策理论和方法。

4. 高级公共行政和管理硕士。课程学制为一年，招收人数大约为60名，主要针对来自中国的高级管理人员。

5. 领导人员短期培训课程：分为定向定制课程和公开课程两类。公开课程主要是“高级管理项目”，为期4周，主要内容有三个方面：（1）领导工具——领导与决策、领导变革、组织学习与动力学、危机管理、高绩效管理；（2）政府与企业——规制、竞争与市场失败、公私伙伴关系、公司治理原则、国家与组织竞争力战略；（3）全球化——地缘政治与新国际秩序、政治风险分析、全球经济与亚洲经济、安全形势与挑战、驾驭技术发展。

（李雪峰）

澳新政府学院

一、机构概况

澳新政府学院成立于2002年，由澳大利亚和新西兰的中央政府、两国部分地方政府以及一些高等院校、商学院联合创办，属于非营利性官员培训机构。学院采取跨国合作共享、政府学府结合、模仿股份有限责任公司运作等独特方式，搭建中央政府、地方政府与大学之间的合作平台，增强政府和学府间的联系，有效整合两国培训资源，使培训更具有针对性和灵活性。

二、治理结构

澳新政府学院没有校园，核心实体以网络平台的形式存在，依靠网络成员实现培训目标。其培训需求方为澳新两国中央政府和澳大利亚5个州政府，其供给方为澳大利亚、新西兰的16所大学。

学院以董事会形式管理，成员为相关政府机构负责人。另设两名副校长及两名独立理事。

学院的经费主要来源于10个政府机构成员的拨款和学费收入。10个政府机构成员分别是：澳大利亚联邦政府、新西兰政府、澳大利亚首都地区政府、昆士兰州政府、南澳州政府、维多利亚州政府、西澳州政府、塔斯马尼亚州政府、澳大利亚新南威尔士州政府、澳大利亚北方领地政府。

三、师资队伍

学院员工45名，其中专职教师7至8人，其余为管理人员。学院聘有30名核心兼职教师和50名非核心兼职教师，均为政府官员、大学教授和企业高级管理人员。

四、培训内容

目前，学院的教学活动由三大核心内容组成：学位课程及高管培训课程、研究能力培训、案例分析培训。

1. 学位及高管培训课程包括：高级行政人员公共管理硕士课程、高级执行官培训课程、战略领导力基础培训课程。

2. 研究能力培训：该项培训针对公共行政、公共管理和公共政策的最新要求和特点，注重提高学员的研究能力。通过培训来传播政府决策和管理的内在逻辑，从而加深社会对行政行为及决策行为的了解。

3. 案例分析培训：学院的案例分析培训紧密结合公共管理领域的实际情况，着力提高学员的分析能力和高效、准确的案例研究能力。澳新政府学院拥有丰富的案例资源库，这为公共管理教学提供了优良的素材。目前，修订成册的成熟案例研究有 100 多个。

五、培训方式

1. 招生方式。学员首先由各政府部门推荐，然后经澳新政府学院选拔。学员培训费用由学员推荐单位承担。

2. 组织形式。采取项目负责制，学院依据项目任命 1 名项目学术主任，由主任自行选聘项目下每项具体活动的责任人，责任人一般都具有相关领域的学术背景或实践经验。

3. 教学方法。单一以知识为中心的课堂讲授模式在澳新政府学院的教学模式中所占比例很小。学院主要采用互动式教学方法，既有案例分析、小组讨论，又有昨日总结、学员点评，同时采取网络式教学，让全国乃至世界各地学员在网上学习。老师不仅传授知识，也要起到催化剂的作用，负责引导开展讨论、阐述论题、总结概括讨论结果等。对学院案例分析培训项目所开发的案例进行探讨学习是澳新政府学院互动教学中的一个重要内容。

4. 培训规模。每年参加澳新政府学院培训的人数在 500 到 1 000 人。

5. 培训时间。培训时间根据项目有所不同，短至 1 天，长至两年。时间最长的是公共管理硕士学位项目，一般为两年，分为不同的教学模块进行。高级管理人员培训项目时间为 3 周，学员大部分已修读完公共管理硕士，课程设置也更加密集和有选择性。

（邓征）

第四部分

非　洲

南非国家行政学院

一、机构概况

1996 年南非管理发展学院（SAMDI）成立，1998 年改名为南非公共行政领导力与管理学院（PALAMA），2013 年 10 月 21 日正式更名为南非国家行政学院，隶属于南非公职部。

学院主要负责南非各级公务员的培训，旨在提高公共服务质量，实现南非 2013 年国民发展远景规划中公共服务专业化的目标。该规划指出要建立一个高效、专业的政府，可以对公共领域的问题快速响应，有效处理。

二、治理结构

学院采用公司治理模式，院长全面负责学院各项管理工作，下设 6 个部门。

1. 院长办公室：负责最高决策，代表学院在国内外开展交流活动，并向议会和审计署汇报资金使用情况。

2. 行政支援部：辅助院长办公室开展工作，负责国际交流、院内部门联系。

3. 培训部：负责开展培训项目，包括公务员入职及再培训、领导力建设、管理技能、公共行政 4 个教研部门及技术、市场推广两个辅助部门。

4. 专业支持部：负责培训需求调研、课程设计、质量评估、课程认证、培训质量监控及网上培训项目开发。

5. 后勤服务部：负责人力资源、信息技术及基础设施管理。

6. 财务部：负责财务管理、审计及供应链管理。其内部审计外包给外部机构（目前为毕马威会计事务所）。

学院每月与公职部召开部门例会，了解政府优先战略和重点项目，获得下一阶段活动的指导。学院内部，每月院长与各部门分管领导召开工作会议，商讨学院日常事务；每季度召开风险管理会议，针对学院发展中可能遇到的问题进行商议，并向学院审计委员会报告。

三、主要培训课程

目前推行双层战略，分别针对南非高级、中初级公务员，培训满意度高达80%。主要培训项目有：

● 政府领导力项目：针对各层级政府领导力提升。

● 公职人员入职培训项目：介绍公共领域通用知识及学员所在领域的具体公共管理内容。

● 在职培训及发展项目：更新公务员知识及技能，提升公共领域绩效及机制化建设。

● 管理技能项目：介绍管理基本知识和技能，如财务、人力资源、项目、供应链管理，评估，项目设计。

● 公共行政项目：提高公共管理能力，包括以服务为导向的公共管理、行政道德及反腐败建设、沟通技巧、公文技能。

其他课程包括战略规划、监督评估、问题解决及评估、财政管理及预算、人力资源发展、沟通学。

（施蒙）

突尼斯国家行政学院

一、机构概况

突尼斯国家行政学院成立于1949年，是直属于总理府的行政性公共机构，享受国家财政预算。

学院成立之初，突尼斯尚处于法国殖民时期，因此学院当时主要职能仅限于为公务员行政竞考进行预科培训。1956年，突尼斯独立后，随着法国公务员的大量离去，学院转为为独立后的国家培养行政干部。1964年，随着政府对高素质人才及治国理政能力的需求不断增长，学院进一步发展，开始培训突尼斯高级公务员，优化了对中级和初级公务员的培训，并成立了行政学研究中心。此后，随着时代的发展，学院不断调整适应，最终形成今天的四项主要职能：一是培养高中级公务员；二是为行政机关、公共机构、国有企业工作人员开展继续教育培训和进修培训；三是开展公共行政领域的专业知识和技能研究，举办相应研修班、研讨会；四是开展旨在提高高级行政干部素质和能力的活动。

二、治理结构

学院的治理结构包括院长、指导委员会和学院内部行政机构。

1. 院长

院长全面负责学院管理，由总理提名任命。院长级别和待遇相当于部委秘书长。

院长可有一名助理，协助其维持学院秩序，处理学员事务。该助理的级别和待遇相当于中央行政机关副司长。

2. 指导委员会

指导委员会主要负责向院长提供相关政策建议，尤其是以下三方面建议：一是学院培训工作的组织，二是与培训相关教学和科研问题，三是与行政学科研相关问题。

指导委员会主席由院长担任，委员们分别为：总理府公职和行政局总司长、总理府培训和进修总司长、总理府改革和行政展望总司长、高等教育部高等教育总司长、3 名根据资历选拔的大学教师、学院高中级干部培训部主任、学院继续教育和进修部主任、学院行政专业知识和行政学研究中心主任、学院行政领导力研究所所长、1 名来自于学院高级公务员班毕业生联谊会的代表、1 名来自于学院校友会的代表。

指导委员会委员们任期为 3 年，且可连任。其中，大学教师和来自行政机关的委员们经学院院长提名，由总理政令任命。学员代表经学员联谊机构董事会提名，经学院院长任命。

3. 学院内部行政机构

包括如下 8 个部门：

（1）高中级干部培训部：负责高中级公务员培训的组织，并负责对学员的监督和处罚。

（2）继续教育和进修部：负责为行政机关、公共机构、国有企业工作人员制定继续教育或进修培训课程、组织培训，并监督、处罚学员。

（3）行政专业知识和行政学研究中心：主要负责为行政机关、公共机构和国有企业开展相关研究，特别是公共管理方法和行政体制方面的比较研究，建立公共行政改革和现代化最前沿理论和实践的数据库，并举办相关研讨活动。此外，还负责管理学院图书馆，并为学员提供相关参考资料。

（4）行政领导力研究所：负责组织相关培训，以提高高级行政官员能力和素质，特别是在领导力、公共管理、行政创新技术领域的能力和素质。

（5）竞考中心：负责组织并实施学院所有培训班次的入学竞考和相关预科培训。

（6）合作和实习部：负责组织实习，评估学员实习成绩，与国内外实习单位保持密切合作。

（7）组织、教学方法和信息技术部：主要负责学院信息技术保障、远程培训平台的管理，并参与依托信息技术的培训班次开发等。

（8）秘书处：主要负责学院的行政事务、人事和财务管理。

三、主要培训班次和课程设置

学院以高中级公务员培训为重点，既有长期班也有短期班，还有远程教学，并与突尼斯技术合作署合作为其他国家提供培训。其主要培训班次和课程设置如下：

1. 高级公务员培训班

旨在培养中央和地方政府以及行政性公共机构 A1 级公务员，学制 30 个月，分为三个阶段：前两个阶段均为 12 个月（其中每个阶段含 1 个月假期和 3 个月实习期），主要用于理论学习和考试；第三个阶段为 6 个月（其中含 2 个月实习期），主要用于准备毕业考试、实习报告和毕业总结等。第一次实习为非学员常住地或出生地的地方政府，第二次实习为国有企业，第三次实习为突尼斯驻海外机构或驻突尼斯的国际机构。实习成绩占每阶段学习总成绩的 25%。

培训内容包括通用知识培训和专业知识培训两部分。通用知识培训为必修课，旨在帮助学员强化与行政工作紧密相关的基础知识，特别是经济、法律、管理领域的知识，掌握工作所需的各类基本行政技能如外语、信息技术等，使学员具备相应职业素质，能在毕业后迅速融入工作。

专业知识培训是与用人单位的岗位要求紧密相连，主要分为四个方向：一是一般行政管理，主要包括行政机关的运作、管理和外交事务；二是经济和金融管理，包括发展战略和政策的制定、选择政策执行的路径和方法、跟踪政策执行等；三是地方政府行政管理，主要针对地方分权和权力下放，包括其理念、实施引导等；四是行政和金融领域的监控、稽查和法律事务。

学院将根据学员在第一阶段的学习成绩，甚至是其大学期间的学习成绩，在第二阶段开始时进行排名，以此来决定学员可选择哪一方向的专业知识培训。

在评估方面，如果学员上一阶段的平均成绩没有达到 11 分（总分 20 分），则无法进入下一阶段学习。如因身体健康等原因导致成绩不合格可以申请补考，但整个学习过程中仅能补考一次。如第一阶段平均成绩低于 11 分，将直接被淘汰。如第二阶段平均成绩低于 11 分，将直接被降至 A2 级官员。只有三个阶段成绩都达标的学员，才可通过评审团分配至 A1 级的工作岗位。该评审团成员是经学院院长提名、由总理委任组成的。

2. 中级公务员培训班

旨在培养中央和地方政府 A2 级公务员，帮助他们具备岗位所需技能，尤其是行政和财务管理方面的能力。

该班次学制 12 个月，分为 9 个月理论学习和 3 个月实习。在理论学习阶段，前 6 个月为公共基础课，后 3 个月为专业课，分四个方向：人力资源管理、法律、财务和公共采购、大区和地方行政管理。学员无专业方向自主选择权，由学院院长指派。学员实习单位为突尼斯境内行政机关，可以是中央政府也可以是地方政府。

对学员的评估包括三个角度。一是出勤率，无论是理论学习还是实习都必须参加。二是学员行为规范和勤勉度，由学院院长为每位学员评分，分数在 0～20 之间。三是知识掌握程度，从以下三方面衡量：平时测试成绩（口头或笔头），在公共基础课培训期间进行的期中考试，期末考试，包括 6 门笔试，3 门针对公共基础课，3 门针对专业课。期中和毕业考试的科目和范围由学院院长决定。

具体评估系数如下：平时测试占 35%，其中口头测试占 15%，笔头测试占 20%；期中考试占 15%；期末考试占 20%；实习占 20%，其中实习报告占 15%，实习勤勉度和行为规范占 5%；学员个人行为规范和勤勉度占 10%，其中，行为规范占 5%，勤勉度占 5%。

学习结束时，由学院院长提名并经总理政令任命的评审团根据学员成绩在每个专业方向进行排名。达到 10 分及以上（总分 20 分）的学员方可由评审团任命为 A2 级行政官员，成绩未达标的学员将被淘汰。

四、师资队伍和资金来源

学院有 400 名兼职教师，主要由三类人构成：一是公共部门和私营部门高级干部；二是大学教师；三是突尼斯国内外政界和学界人士，主要负责主持时事问题研讨会。

学院资金来源包括如下几个部分：一是政府拨款，二是学院提供的产品或服务收入，三是捐款。

（周洁）

埃塞俄比亚公务员大学

一、机构概况

1991 年，埃塞俄比亚政治体制从高度中央集权转变成较为分散的联邦制，给国家公共服务体系带来了巨大挑战。同时，埃塞俄比亚国内高等教育机构培训能力不足，全国尤其是新兴地区人力资源短缺，导致各自治地区出现管理困难的情况。为满足政府对公共人力资源的需求，埃塞俄比亚公务员大学（下称埃塞公务员大学，英文简称 ECSU）应运而生。

1995 年，埃塞俄比亚部长理事会第 NO. 3/1996 号条例通过筹建埃塞公务员大学的决议。学校于 1996 年 2 月正式建立，是法人自治机构。建校之初只有法律和经济学两类学科，但学校自成立之日起，通过教育培训对埃塞俄比亚国家公共服务能力的提升起到很大作用。

二、治理结构

主要由董事会、大学委员会、管理委员会、学术委员会和部门委员会组成。

1. 董事会：学校的最高决策层，有 7 名成员，均由总理提名。主席为能力建设部部长，成员包括教育部部长、联邦事务部部长、亚的斯亚贝巴大学校长、税务部部长、埃塞公务员大学校长和主管学术的副校长（任董事会秘书）。董事会职责包括制定学校的教学和行政政策、组织机构和章程；审核学校预算，决定学校服务收费标准；审批与国内外机构间的学术协议；向总理提名副校长并拥有决定教授任免权。

2. 大学理事会：包括校长及两位副校长，各所、中心、研究生院主任，招生办人员，学生福利服务部主任，规划与项目、公共关系与市场官员，图书馆馆长，各所、中心学术代表，两名学生代表和一名行政人员代表。理事会职责包括审批教学计划和时间表，制定考试和入学准则；推荐学术晋升、颁发学位和学历证书，处理违纪违规问题。

3. 管理委员会：协助执行学校教学、行政政策与流程。

4. 学术委员会：各学术委员会负责其下属机构各项事务，并向大学理事会汇报。

5. 部门委员会：包括部门领导和教职工，向其隶属机构的学术委员会汇报。

三、经费预算

学校经费来源主要包括三大类：

1. 本国政府财政拨款：这是学校经费的主要来源，包括为开展学校各项活动配备的经常性预算和为学校基础设施建设与学生福利服务配备的基本建设预算。

2. 学校自筹经费：主要包括培训收入及学生交纳的部分学费。

3. 国外政府与国际组织援助：主要是通过联合国开发计划署“公务员大学能力建设”与“公共部门改革方案”框架项目获得援助。其中，联合国开发计划署自1995年一直是学校接受资助的主要来源，主要资助学校在能力建设过程中发生的工资、留学、购置图书设备等费用；荷兰政府支持其研究生教育，法国政府支持其法学研究所能力建设，英国政府支持其学习与职业发展中心，世界银行和英国文化协会也提供某些援助。

四、师资力量

在校全职教职工有231人，含外籍教职工39人。其中获得博士学位30位，获得硕士学位162位，另外还聘请了高等教育机构和政府部门的兼职教师。学校连续15年选送教师去国外相关机构攻读硕士、博士学位，提高学校教学水平。

五、课程设置

学校开设了短期课程、本科和研究生课程，提供科研咨询服务，组织各类会谈、研习班和研讨会等。教学模式包括在校教育、在职夜校和远程教育，包括全球开发学习网。学校致力于为提升公务人员的理论水平与实践技能，让他们能完全胜任岗位职责。学校主要学院及课程设置如下：

1．公共管理与发展研究学院：开设本科、硕士学位教育和短期定制课程。

2．城镇发展与研究学院：设置城镇管理硕士学位和城镇规划工程学位，开设相关短期定制课程。

3．联邦制度与法学学院：设置比较公共法与良好治理、联邦制度与地方治理、国际法等硕士学位，此外还开设短期培训课程。

4．税务和关税行政管理学院：设置公共财务管理、税务行政管理、关税行政管理学士及硕士学位。

5．会计师与稽查师认证学院。

6．远程教育学院：设置公共管理学士学位（函授），利用电话教学授课开展短期培训与其他服务。

（虞章全）

埃塞俄比亚管理学院

一、机构简史

埃塞俄比亚管理学院（下文简称埃塞管理学院，英文缩写为 EMI）成立于 1956 年，是埃塞国内唯一政府层面的公共培训服务机构。学院建立之初称为埃塞俄比亚公共行政学院，负责培训国企人员；1975 年更名为现名，于 1984 形成目前的组织架构。自成立以来，埃塞管理学院一直身处国内引入现代发展体系的前沿，提供管理和相关领域的培训、咨询与研究服务，同时承担部分职业资格认证与评估工作。学院主要专注于向政府机构、国有及私有企业、非政府组织等提供培训和咨询服务，特别是针对管理层如中高级公务员的培训。

当前，根据埃塞俄比亚国家对公共服务能力建设项目的要求和公共服务培训机构的定位，学院提出要积极开展转型发展，推进公务员制度改革，为国内公务员培训作出示范，进而提升国内其他机构能力，为实现国家转型发展、建立高效国家治理结构提供相应保障。

为实现上述目标，学院制定了发展战略和愿景，即到 2020 年成为世界级管理发展中心。学院核心价值包括以人为本、顾客导向，团队合作、有效实践，节约成本、持续学习，追求卓越、质量至上等。

二、治理结构

学院治理结构包括：管理委员会，负责管理整个公务员培训体系，由院长和副院长组成；管理发展部，由商务发展部主管、公务员能力建设部主管、研究部主管组成；另有人力资源开发部、资产管理部、信息科技部、公共关系和内部审计部等。

三、师资队伍

学院总部有员工 157 名，培训中心（分校区）员工 91 名。其中获得硕士学位者 22 人，获得学士学位者 71 人，其余为大专及以下学历。咨询师中，8 人为初级咨询师，17 人为中级咨询师，11 人为高级咨询师，8 人为特高级咨询师。同时，学院还有特聘兼职咨询师，针对顾客要求提供定制咨询服务。

四、课程特色

学院每年就不同主题开展培训，并根据客户不同需求上门提供定制培训课程。

（一）常规/公共培训项目

主要包括：高级办公管理课程、平衡计分法课程、基础管理技能课程、企业过程重组课程、公共机构客户服务课程、执行能力开发课程、员工绩效管理课程、企业家精神和商务规划课程、国家公共政策课程、财会课程、性别发展与管理课程、人力资源管理课程、职业评估与薪金等级建设课程、管理沟通课程、组织内矛盾管理课程、组织伦理管理课程、现代记录管理课程、绩效审计课程、采购与资产管理课程、项目预算、监控和评估课程、执行、监控和评估课程、公共政策制定与执行课程、应急管理课程、非商业部门战略规划与管理课程、总体维护管理课程、总体质量管理课程等。

（二）定制类培训课程（自费）

包括组织内部培训管理和培训者培训课程。可根据以下三类标准来选择定制模式：（1）根据学员个人情况设计常规课程，或合并 2 个以上专题，以满足客户机构的具体需求；（2）根据客户需求设计新项目；（3）可供定制的培训领域包括：转型与变革领导力、组织价值与文化开发、教练与指导、良好治理、公司治理、团队建设、咨询能力开发、时间与压力管理、决定与问题处理等。

五、校园设施

学院现有两个校区，一是位于首都亚迪斯亚贝巴东部的总部，另一个是距离首都 60 千米的作为发展管理培训中心分的校区。两个校区均配备会议研讨、网络教学、住宿餐饮等设施。学院已成为举办国际国内各类会议和论坛的热门地点，正积极完善教学设施，为客户接受培训、参加会议等提供更加优质的硬件条件。

（虞章全）

- 坦桑尼亚非洲可持续发展领导力管理学院 -

一、机构概况

坦桑尼亚非洲可持续发展领导力管理学院（英文简称 UONGOZI，以下文简称坦非洲领导力学院）是直属于坦桑尼亚政府的高级公务员培训机构，由坦桑尼亚和芬兰政府共同发起成立。其成立背景起源于 2008 年坦桑尼亚和芬兰政府共同主持的“赫尔辛基进程”（即赫尔辛基全球化与民主国际论坛）。在芬兰政府的倡议下，双方考虑共同在坦桑尼亚建立一所可持续发展学院，既可以满足坦桑尼亚亟须建立公务员培训学院的迫切需求，又可以体现芬兰政府致力于国际可持续发展的理想。2010 年 3 月，坦桑尼亚总理和芬兰总理共同启动了学院成立进程，2010 年 7 月学院正式获批成立。

学院建立之初，坦桑尼亚政府在达累斯萨拉姆市巴加莫约开发区专门为学院预留了校址，但由于芬兰政府未能兑现当初的注资承诺，校区至今未投入建设。目前学院在达累斯萨拉姆租用场地进行培训。

二、学院使命和职能

坦非洲领导力学院的英文简称 UONGOZI 在斯瓦西里语中，是“领导力”的意思。学院宗旨是通过培训非洲领导人实现坦桑尼亚和整个非洲的可持续发展。学院竭尽全力启发领导人，使他们进一步认识到领导力在可持续发展中所发挥的重要作用。学院的理念是：

- 领导力是实现可持续发展的关键；
- 领导人要想成长进步，需要经过专门的培养和训练；
- 建立非洲自己的领导力模式，这对非洲实现发展目标至关重要。

为履行好学院的使命，学院的工作主要围绕 5 个目标：

（1）加强非洲现任领导人和未来领导人的能力建设

学院开设专门的培训项目，直接针对领导人在日常工作中面临的挑战。这些培训项目涉及：

- 可持续发展方面的战略领导力；
- 领导力思维与行动；
- 公共部门管理；
- 以结果为导向的管理。

（2）通过聚集非洲高级官员和未来领导人，培养领导人之间的创新型伙伴关系和合作关系

学院为领导人提供见面和交流思想的机会，使他们理解他人的观点，并寻找求同存异的可能性。

（3）通过普及负责任的治理，支持为领导人建立积极的工作环境

通过促进对话和支持在负责任的治理领域开展研究，突出工作环境对领导人工作会带来的积极或消极的影响。

（4）开发或对比专门针对领导人现存问题的知识，并且为领导人分享知识提供便利

学院为领导人提供学习、了解现代知识的机会，这些知识都和他们的工作密切相关，其中还包括一些研究成果。学院的学员也可以利用遍布全球的学员网络，进行知识搜寻和共享。

（5）将学院建成领导力发展人才中心以及可持续发展展示平台

学院的愿景是建成一流的、独立的、辐射整个非洲的可持续发展领导力培训机构。为了使这一愿景变为现实，学院将努力在机构设计和运作上采用最佳做法。

学院培训对象包括对社会发展具有显著影响的高级官员，以及有可能带来积极影响的年轻官员。目前，学院提供的许多课程是面向坦桑尼亚公务员，主要是坦桑尼亚政府的常务部长和其他处级以上政府高中级公务员，政治领导人的培训也已纳入计划。未来，随着学院的发展壮大，将逐步扩大招生范围，吸引非洲其他国家的领导人和具领导力潜质的人员，此外，还将把培训范围扩大到公共部门以外的其他部门和领域。

除培训以外，学院牵头开展了许多对非洲具有深远影响的大型科研项目，充分发挥了领导力中心的作用。科研涉及领导力发展、可持续发展、治理问题和政

策发展等各个领域。学院还为政策对话、网络建设和知识共享搭建平台，为领导人提供各种分享资源与经验的机会。

三、治理结构

学院的治理采用董事会形式。现任董事会主席为芬兰外交部副部长，副主席为坦桑尼亚东非事务贸易部长。另设首席执行官（CEO，即院长），负责学院日常行政事务。

董事会组成

主席 Anne Sipil inen 女士	芬兰外交部副部长
副主席 Flora Musonda 博士	坦桑尼亚东非共同体贸易主任
Glenn Denning 教授	美国哥伦比亚大学国际与公共事务学院教授
John Haule 先生	坦桑尼亚外交与国际合作部副部长
Elsie Kanza 女士	瑞士世界经济论坛非洲首脑部主任
Idris Kikula 教授	坦桑尼亚多多马大学副校长
Frannie Léautier 博士	津巴布韦非洲能力建设基金会常务秘书
Anneli Temmes 女士	芬兰公众管理学院（HAUS）执行董事

四、师资队伍

学院的日常管理由人员精干、业务熟练的秘书处负责，重点负责协调工作和教学质量控制。为了提供最高质量的领导力服务与产品，学院聘请了大批在本地区和国际上富有影响力的专家担任顾问。

五、主要培训班次

学院大多数课程课时较短，每门课课时最长为 5 天。各门课程相互支撑，但是也可单独选取。学院目前开设的培训班次主要包括：可持续发展战略领导力、以结果为导向的管理、提高公共部门管理的效率和有效性、领导力思维与行动。

六、学院领导力中心所发挥的作用

1. 科研

学院致力于开展与下列问题有关的研究：

- 领导力发展
- 可持续发展
- 治理
- 政策发展

学院努力通过共享研究成果或支持研究倡议，从而与其他单位取长补短。学院当前的研究项目包括：撒哈拉以南非洲的领导力现状，非洲的良好治理，坦桑尼亚公共机构中的治理实践。

撒哈拉以南非洲领导力的状况

启动这一大型研究项目的目的是建立非洲的领导力模式。学院目前启动了一项研究，超越西方的领导力概念，考虑机构和集体领导力在非洲社会经济和环境下的内涵。这一研究还将考察领导力在哪些情况下能给非洲社会带来重大而积极的变化。该项目将覆盖整个非洲大陆的所有国家。

非洲的良好治理

帮助非洲领导人为非洲问题找到解决方案，重点是在非洲的背景下，开展治理方面的对话。

坦桑尼亚公共企业中的治理实践

该研究旨在考察坦桑尼亚国有企业的自主程度，以及他们的治理实践。分析的问题将包括控制机制、管理、负责任、问责制并且合规。

2. 政策对话、网络建立和知识共享

活动包括：采访领导人，发展方面的讨论，绿色增长活动。

采访领导人

学院正在制作一部电视系列片，其中包括一对一的深入采访，对象均来自全世界具有重要且积极影响力的著名领导人。采访设法探究影响领导人发展、领导风格的经历，以及他们在领导力方面学到的经验。

发展方面的讨论

这些课程的目的是激发思考与讨论，内容涉及领导人的发展、非洲国家与组织制定和执行政策及战略过程中的领导力。学院为决策提供帮助，通过为领导人提供见面和分享观点的机会，使他们理解他人的观点，努力在可持续发展方面开展合作，并且强化技能和知识。参加这些论坛的领导人可以聆听名人和专家讲述幕后的故事，促进理论和实践之间搭建起桥梁。

新近开展的活动包括：非洲的选举管理、利用非洲的自然资源促进经济增长、不断变化发展合作的蓝图。

绿色增长活动

绿色增长平台的宗旨是增强决策者和意见领袖对于具体问题的认识，并且加强他们理解和利用与这些问题相关的可能因素，支持社会发展的能力。其方法是强化跨部门对话以及部门间、社会群体间以及个人间的关系。这是培育长期社会资本的一项有用工具，有利于促进可持续发展以及经济和社会福祉。

这里所采用的方法不同于在大多数研修班、座谈会和会议中采用的方法。这一活动中，包含了全体会议和实地考察。活动组织所围绕的主题代表了巨大的社会挑战。平台将决策者和意见领袖集合到一起，构建网络、获得知识和信息，并且就解决方案达成一致。参加者包括主要政治家、高级管理人员、执行主管、利益团体的代表、非政府组织的领导人、科学和艺术界代表、媒体以及其他有影响力的意见领袖。

公众可作为个人而非机构代表参与活动，有助于减少社会压力。这一安排有利于开放式讨论，因为这有助于参加者解放思想，接受新思维，从而使参加的战略讨论取得成效。其目标是参加者获得知识和信息，包括某些部门对于发展能作出哪些贡献，并且与同样对类似挑战有兴趣的人员建立新的跨部门联系。

附件：主要课程及特色

领导力发展项目综述

核心领导能力	领导人应该具备的能力	相关项目	项目重点	具体课程
作出战略选择	培养共同的愿景、使命和价值体系； 制定理智、有效的战略； 对常规方法提出质疑并且鼓励创新思维； 促成战略调整； 制定针对局部和全球问题与趋势的战略； 将可持续发展纳入战略和政策发现新出现的挑战和机遇； 管理风险。	**可持续发展战略领导力** 项目一 培养战略决策制定能力 **非洲领导力中心** 项目五 包含政策对话、研究、建立网络和分享知识	战略思维与规划 开发有效的战略计划并且将战略转化为顶层的实施计划 全球和地区发展的影响	**模块011：可持续发展的领导力** 0111 可持续发展的观念和方法 0112 可持续发展的战略领导 0113 政策发展和分析中的战略方法 **模块012：战略规划和管理** 0121 战略规划的核心概念和方法 0122 将战略转化为行动 0123 变革管理 0124 前瞻性的领导与逆境管理
领导下属和管理其他资源	使员工、机构和合作伙伴参与决定目标、执行计划以及促成结果； 团结他人和建立团队，培养他人并调动其积极性； 改善工作环境的包容性，从而使下属主动发挥个人潜力，坚持持续学习； 有效分权并赋予他人权力； 做到沟通明确，目的清晰； 处理冲突； 创造并分享知识； 实行问责制，从而管理和保护财政资源； 以可靠的方式管理资源。	**面向结果的管理** 项目二 管理公共服务中的资源。 **提高公共部门管理的效率和有效性** 项目三 公共服务中的行政管理。 **非洲领导力中心** 项目五 包含政策对话、研究、建立网络和分享知识	公共部门中面向结果的管理； 在国家、部门和机构层面上将战略转化为行动计划； 规划和预算制定过程中的项目管理； 监督和评价体系； 公共部门中的有效管理； 财政采购和人力资源方面的政府政策、体系、流程和规划； 良好的治理； 卓越团队	**模块021：面向结果的管理** 0211 与面向结果的管理相关的观念、原则和过程； 0212 对组织执行面向结果的管理的筹备情况做出评价； 0213 对执行面向结果的管理过程的内部能力进行评估； **模块022：战略项目管理** 0221 战略项目管理观念和原则； 0222 战略项目管理的方法和技术； 0223 利用快速结果法（RRA）解决具体问题； **模块023：在业务中规划面向结果的管理**

续表

核心领导能力	领导人应该具备的能力	相关项目	项目重点	具体课程
领导下属和管理其他资源				0231 中期支出框架和部门计划； 0232 规划和预算编制； **模块 024：监督和评估** 0241 基于结果的监督和评估，质量保证； 0242 公共部门监督和评估框架； **模块 031：有效和高效公共部门的基本要素** 0311 高效和有效公共部门的属性和挑战； 0312 建立公私伙伴关系的方法； 0313 风险和危机管理； 0314 知识管理； **模块 032：良好治理和反腐败** 0321 调整良好治理措施，以保证在不同条件下的有效应用； 0322 反腐败措施框架； **模块 033：人力资源（HR）** 0331 坦桑尼亚公共服务领域中人力资源实践的政策、原则和法律框架； 0332 新职工招聘流程； 0333 业绩管理报酬和处罚； 0334 咨询、指导和辅导； 0335 职业发展和继任规划； 0336 建立和领导团队； **模块 034：坦桑尼亚公共部门财务管理** 0341 财务管理原则； 0342 公共财政框架，《2001 年公共财政法》； 0343 财政规划、编制预算和报告； 0344 采购政策、制度和做法； 0345 合同管理； 0346 资金价值审计

续表

核心领导能力	领导人应该具备的能力	相关项目	项目重点	具体课程
在个人领导素质方面出类拔萃	建立公正、透明和尊重员工的工作场所； 培养自身和他人的责任感； 发挥模范带头作用，激励和促进他人参与； 对文化保持敏感； 具有自我认识； 分享知识，进行指导和辅导	致力于服务公众； 应对压力； **领导力思维与行动培训计划四** 聚焦个人发展以及与他人互动 **非洲领导力中心** 项目五 包含政策对话、研究、建立网络和分享知识	情商； 变革型行动； 工作所处的制度、历史和文化环境，以及制约条件； 个人的工作风格以及与众不同管理风格； 建立工作关系； 在充满挑战的形势下进行沟通	**模块 041：思维** 0411 机构内部的情商； 0412 自知之明，包括个人偏好、学习风格以及对待风险的态度会造成哪些影响； 0413 今天的领导人：价值观、道德困境，以及文化和历史限制条件； **模块 042：变革型行动** 0421 公共部门结构和体系对领导人的影响； 0422 创造积极、富有成效以及学习型工作环境； 0423 以变革为目的的沟通； 0424 高级谈判技能； 0425 危机沟通； 0426 在冲突状态下的工作战略

（邓征）

第五部分

拉　美

巴西国家行政学院

一、机构概况

巴西国家行政学院（英文简称ENAP）隶属于巴西联邦政府计划、预算与管理部，其宗旨是“开发公务人员能力，提高政府公共政策管理水平”。

学院主要承担联邦政府本级公务员培训。巴西联邦政府公务员入职前都要进行为期4个月的战略培训，在职公务员定期也要参加该学院组织的战略培训，了解本级政府的整体施政方针。自1986年成立以来，学院已培训超过27万联邦公务人员，平均每月培训学员1 800人次，涉及培训课程60多门，且网络教育呈上升趋势。此外，学院承担着全国行政学院网络的统筹协调工作。

在国内培训方面，学院重点培训联邦政府各部门从事宏观分析、预算分析工作的两类人员，以使政府宏观政策能够在各个部委得到切实贯彻落实。

在国际培训方面，学院通过培训葡语国家、不发达国家、金砖国家等国家的公务员，开展大量的国际交流与合作。

二、师资队伍

学院拥有约200名教授，其中约76%为公务员，20%来自于高校，4%来自于其他公共机构。56%的教授拥有理学博士或硕士学位。

学院还定期邀请来自加拿大、法国、西班牙、美国、德国、爱尔兰和瑞典等国家和地区的专家教授们来院授课，以促进不同地域间的经验交流。

三、培训班次设置及主要课程

学院培训班次分为：管理发展培训、定制化培训、职业形成与发展培训和研究生教育（包括在校学习、远程教育及混合模式）。培训主题涉及公共行政管理、公共政策、政府管理、计划和预算管理、经济与发展等。

在高级公务员培训方面，学院的目标主要是培养他们应对复杂重大事件的能力、制定和执行政策的大局观以及纪律观。在课程设置方面，侧重打造公务员处理国家层面问题与事件的能力，强化公共服务实用性知识和技能的传授，突出社会公平、经济可持续化发展、人权发展中存在的挑战等主题。

主要课程分三类：

1. 管理开发课程：（1）领导力与管理者开发包括人力资源开发、公共物流学、多年计划管理（针对巴西预算系统开设的课程）、公共预算与财务；（2）网络课程，包含伦理学、公共财政预算、人力资源管理、信息技术与交流、采购法等 26 门免费课程。

2. 入门课程：包括职业入门计划课程、职业发展计划课程等。

3. 专业化课程：除常规的公共管理专业课程外，为满足不同联邦机构的需要，学院还开发定制了 360 小时以上的专业化课程。

四、教学设施

学院现有 27 间教室、4 间信息化实验室、4 间圆形教室、1 间视频会议室、1 个容纳 150 人的多功能报告厅以及 1 幢拥有 84 个房间的学员公寓、餐厅和运动中心（含一个游泳池）。学院的格拉西利亚诺图书馆还是国家在公共政府管理方面的一个重要机构。

五、主要特色

（一）协调全国行政院校系统网络

ENAP 负责全国行政院校系统网络的协调工作。该网络创建于 2003 年，是一个自治性组织，负责国家人才发展政策的执行，成员由来自不同地区、3 级政府层面的 90 多家培训机构组成，其中包括 11 家联邦政府层级的培训机构。通过该网络，全国各地的行政院校都能实现知识和经验的分享交流。同时，通过签订合作协议，学院实现了与国家和地方兄弟行政院校资源分享，为偏远地区的公务员提供了享受优质服务资源的机会。

（二）联邦公共管理“创新奖”竞赛

这是一项国家层面的激励政策，旨在促进公共服务的质量、效率和效果。该奖项由巴西计划、预算和管理部自 1996 年开始颁发，得到了法国和西班牙方面的支持与合作。获奖者将有机会赴法国、西班牙学习考察相关公共部门，进行知识与实务经验交流。竞赛侧重于公民、社会参与、建立伙伴关系，发展人力资源、战略规划和管理，改进工作流程、维护结果和成本与信息管理。

（三）科研实力雄厚

学院发行出版《公共部门期刊》（创刊于 1937 年）、《研究论文集锦》等多种专业期刊，在巴西乃至拉美地区拥有较高专业知名度。此外，学院在翻译引进国际知名专业著作方面也颇有成效。

（邓征）

墨西哥公共管理高等学院

一、机构概况

墨西哥公共管理高等学院成立于 1955 年，隶属于墨西哥联邦政府，其主要职责是为墨西哥各级政府（联邦、州、市）的各级公务员提供公共管理领域的培训，以提升政府管理能力和服务水平。培训主题涉及墨西哥国内政治、后勤等事务，也涵盖拉美国家间的地区合作。年培训规模为 1 万人，其中约 40％为司局级及以上官员。

除公务员培训外，该院也提供学士、硕士及博士学位教育。每年培养博士生约 10 人，硕士生 2～3 人。

二、治理结构

学院的治理结构曾经历过改革。改革前，该院院长由总统任命。此后，院长改为由董事会 198 名成员选举产生。院长任期为 3 年。

三、师资队伍

学院共聘请了 350 名兼职教师和 200 名顾问。这些人当中有一部分是董事会成员。学院行政人员共 90 名，主要负责财务、人事、培训推广等工作。

四、经费情况

2000 年，该院实施体制改革，成为自负盈亏的机构。目前年收入约为 1 亿美元。政府资助占学院收入由改革前的 50％下降至 3％。

五、主要课程或特色

该学院主要培训课程为公共财务透明化、政府管理创新等。课程设置分为1周、3个月和7个月班次。每期培训班最多招生25人。培训多在受训对象所在机构进行。少数学位教育在院内15个教室内进行。学院不具备住宿条件。

墨西哥联邦政府（指行政、司法、议会三个机构，不包括军队及教师）公务员人数达75万人，其中，约10%在该院接受过培训。在州一级，有些州强制官员在该院培训；另外一些州依据双方协议，按需在该院进行培训。在市一级，该院已与2 000个市政府签署了培训协议。受训公务员中，大部分有海外培训经历。海外培训国家包括法国、玻利维亚、哥伦比亚等。赴法培训内容为市政管理知识，时长为22天，其中20天在法国学习。墨西哥负责国际旅费，法国政府提供落地费用。在法国的培训是在各相关机构内进行，而不是某个具体的学院承办。

（王清竹）

哥伦比亚国家行政学院

一、机构概况

哥伦比亚国家行政学院成立于1958年，直属于哥伦比亚政府，是哥伦比亚培训中高级公务员的高等学府，总部设在首都波哥大（1991年改名为圣菲波哥大）。学院主要职能包括：培训公务员和企业的管理人员以促进社会进步及经济实体管理水平的提高，培养国家公共管理人才，为政府提供政策咨询等服务，与相关国际组织和机构建立合作关系。

哥伦比亚有超过100万名公职人员，每年新入职的公务员都要来该院参加初任培训。除公务员培训外，学院同时还提供本科、硕士、博士学位教育。

二、治理结构

学院由院长负责全面工作。现任院长同时是哥伦比亚国家领导委员会的领导成员之一，该委员会由哥伦比亚各市市长及各大区区长组成。

学院分设学术研究部门、行政事务部门和高级行政课程管理部门三类管理机构，并在全国设有15个办学点，可同时容纳1 500人上课，其影响力覆盖全国56个省市。

三、经费情况和师资队伍

学院办学经费主要来源于政府预算。同时，学院可通过承担其他部门的委托培训、研究等进行收费。

该院共有30多名专职教师，800多名兼职教师。

四、主要特色

（一）全民培训

学院除培养政府工作人员外，还承担培训哥伦比亚普通民众的任务，目的是提升公众对公共管理领域的认知度。该院每年接受约 5 000 名普通民众作为学员参加培训，他们中有许多曾经参与过公共管理的相关工作。

近年来，学院还通过网络远程教育、电话会议等方式让更多的公民参与学院的培训，使普通民众获益。每年约有 40 万哥伦比亚民众及政府官员通过各类课程接受培训，其中农村民众超过 7 000 人。

（二）国际交流与合作

学院高度重视对外交流，一直致力于通过开展院际交流、培训项目来提高学院教师素质和办学水平。每年都有约 300 名外国官员在该院接受培训。同时，该院非常重视与中国的合作，并在相关课程中加入了“中国元素”。

（王清竹）

编 委 会

主　编：董　青
副主编：周萍果
编　委：李　伟　王新平　刘　艳　陈默涵